사화기략

수신사기록 번역총서 7

# 사화기략

## 使和記略

박영효 지음 · 이효정 옮김

보고사
BOGOSA

이 책은 1882년 제4차 수신사로 일본에 파견된 박영효의 외교 기록 『사화기략(使和記略)』을 번역한 책이다. '使和記略'의 뜻은, 글자 그대로 하면 일본[大和]에 사신 간 '간략한' 기록 정도가 되겠지만 실제로 살펴보면 일본 체류 기간 동안 매일의 행적이 기록되어 있으며 사행 중 조정에 보고한 狀啓를 비롯하여 일본 관료 및 각국 공사들과 주고받은 모든 조회 문서와 書翰·國書·送辭 등의 관련 문서가 철저하게 수록되어 있으니 간략하다고만은 할 수 없겠다. 또한, 이 책은 소위 '개화파'라 널리 알려진 박영효가 남긴 몇 되지 않는 기록[1] 중의 하나로, 긴박하였던 임오군란(壬午軍亂)과 갑신정변(甲申政變) 시기의 정세 및 그의 사상, 활동 등을 살펴볼 수 있는 귀중한 자료라 할 수 있다.

박영효에 관하여는 극명하게 다른 여러 평가들이 존재한다. 혁명적 사상가이기도 하지만, 희대의 반역자이기도 하다. 『사화기략』은 이러한 그가 실제로 당시 어떠한 활동을 했는지 알 수 있는 거의 유일한 기록이다. 저간의 이야기대로 쿠데타의 자금으로 쓰일 차관을 빌리기 위해 외교활동을 하고, 친청 세력을 무력화시키기 위해 독립국 만들기에 골몰했을지는 모를 일이지만, 근대 국민국가의 시스템이 무엇이고

---

1  박영효와 관련된 글은 『사화기략』 이외에 순종의 장례식 즈음에 쓴 「갑신정변」, 『新民』 1926년 6월호, 40~47면. 이광수가 인터뷰한 잡지 기사 「박영효 씨를 만난 이야기: 갑신정변 회고록」, 『東光』 제19호, 1931년 3월호, 13~16면. 등이 단편적으로 남아 있다.

만국공법 시대의 외교에서 필요한 것이 무엇인지를 확실히 인식했던, 당대 보기 드문 '혁신가'였던 것은 사실이다. 이미 잘 알려진 사실이지만, 그가 외교 전면에 내세웠던 조선의 '국기', '국어', '연호'는 인식적 차원의 전환 없이는 사용 불가능한 상징이기 때문이다.

해제에서도 밝혔듯이, 일반적으로 『사화기략』은 1971년 국사편찬위원회에서 활자화한 본을 77년 고전번역원에서 번역한 것이 일반적으로 알려져 있다. 하지만 이 책에서는 김광업 선생 소장본을 부산대학 사학회에서 등사한 것을 저본으로 삼았다. 종사관이었던 서광범의 날인이 있었다는 설명에서 원전에 가장 가까울 수도 있겠다는 생각에서였고, 번역 또한 이미 40년 전 번역이기에 쉬운 한국어로 다시 풀어내는 것이 필요했다. 저본이 된 필사본을 찾기 위해 부산대학의 김동철 선생님께서 수소문해주셨으나 김광업 선생 가족들과 연락이 닿지 못하였다. 김동철 선생님께도 지면으로나마 감사 인사를 드린다.

한국연구재단의 토대연구사업(수신사 및 조사시찰단 자료 DB 구축)도 이제 막바지를 향해 달려가고 있다. 사업 초기에는 100여 종의 자료들을 어떻게 소화시켜 나갈지 막막하기도 하였지만, 사업을 이끌어주신 허경진 선생님과 여러 선·후배들의 도움으로 여기까지 올 수 있었다. 감사한 마음을 금할 수 없다. 번역을 봐주시는 수고를 여러 차례 해주신 고전번역원의 유종수 선생님, 졸저를 보기 좋게 만들어주신 보고사 편집부에도 감사드린다.

2018년 1월 27일
이효정

# 차례

## 사화기략

## 일러두기

1. 김광업 선생의 소장 필사본을 1958년 등사한 부산대학교 사학회의 등사본을 저본으로 하여 번역하였다.
2. 번역문, 원문, 영인본 순서로 편집하였는데, 영인본은 부산대학교 사학회 등사본을 이용하였다.
3. 가능한 일본의 인명이나 지명은 일본어 발음으로 표기하였지만, 발음을 고증할 수 없는 인명이나 지명은 한국 한자음이나 현재의 가타가나음으로 표기하였다. 재판을 낼 때마다 수정 보완하고자 한다.
4. 원주는 번역문에 【 】로 표기하고 본문보다 작은 글자로 편집하였다. 원문에서도 동일한 방식으로 편집하였다. 각주 및 간주는 모두 역자 주이다.

# 사화기략(使和記略)

## 1 기본 서지

洋裝1冊으로 四周短邊에 크기는 半郭 20.8 × 14.5cm이다. 본서에 수록된 『사화기략』 영인본은 1958년 부산대학교 사학회에서 김광업 선생이 소장하고 있던 필사본을 발굴하여 등사한 것이다.

## 2 편·저자

○ 편자: 부산대학 사학회. 이 책은 박영효(朴泳孝, 1861~1839)가 1882년 제4차 수신사로 일본에 사행하면서 기록한 일기이며, 부산의 김광업(金光業) 선생이 소장하던 필사본을 부산대학 사학회에서 1958년 등사한 것이다.

○ 저자: 박영효는 1861년 6월 12일 경기도 수원에서 출생했다. 본관은 반남(潘南), 초명은 무량(無量), 자는 자순(子純), 호는 춘고(春皐), 필명은 현현거사(玄玄居士)이다. 1885년 일본 체류 중에는 야마자키 에이하루(山崎永春)라는 이름을 사용했다.

  아버지는 판서를 지낸 박원양(朴元陽)이며, 어머니는 전주 이씨이고, 큰 형은 영교(泳敎), 작은 형은 영호(泳好)이다. 1872년(고종 9) 2월 철종의 딸 영혜옹주와 결혼하여 부마가 되었으나 3개월 만에 사별하였다. 금릉위(錦陵尉) 정1품 상보국숭록대부(上輔國崇祿大夫)에 봉해졌다. 큰 형을 따라 박규수(朴珪壽)의 사랑방에 출입하면서 오경석(吳慶錫)·유홍기(劉鴻基)·이동인(李東仁)·김옥균(金玉均)·서광범(徐光範) 등과 친교를 맺었다.

1884년 12월 갑신정변을 일으켜 친청(親淸) 세력을 숙청하고 새로이 내각을 수립했다. 이 내각에서 전후영사 겸 좌포도대장(前後營使兼左捕盜大將)직을 맡아 병권을 장악하였다. 그러나 청나라 군대의 즉각적인 개입으로 삼일천하(三日天下)로 실패하자 김옥균 등과 함께 일본으로 망명하였고, 1894년 봄 동학농민군의 봉기를 계기로 청일전쟁이 발발하자, 일본 정부의 주선으로 그해 7월, 10년 만에 귀국하였다

한성판윤, 내부대신, 궁내부 특진관, 신궁봉경회(神宮奉敬會) 총재 등을 역임하였고, 일제강점기에는 후작의 작위를 받았으며 조선귀족회 회장·조선식산은행 이사·중추원 부의장·일본제국의회 귀족원 칙선의원 등으로 활동하다가 1939년 9월 21일 사망하였다.


### ❸ 이본 현황

『사화기략』은 현재 두 개의 이본이 존재하는 것으로 추측된다. 하나는 김광업 선생 소장본을 부산대학 사학회에서 1958년 등사한 본(이하 부산대본)이며, 또 다른 본은 이선근(李瑄根) 박사의 소장본을 국사편찬위원회에서 『수신사 기록』에 수록시켜 1971년 편찬한 본(이하 국편본)이 있다. 이 국편본은 민족문화추진위원회(현 한국고전번역원)에서 1977년 번역하였기 때문에 일반에 가장 널리 알려지게 되었다.

두 이본 간의 내용은 대동소이하지만 몇 가지 사소한 차이가 있다. 국편본에는 영국 영사 애스턴(William George Aston)이 미국(美國) 영사라고 오기(誤記) 되었지만 부산대본에서는 영국(英國) 영사라 바로 되어 있고(8월 16일[1]), 사창회(射創會)에서 마지막 서서 총을 쏘는 순서가 국편본에는 빠져있지만 부산대본에는 기록되어 있으며(10월 6일), 부산대본에는 세이쇼지(青松寺)의 주지가 기타노 겐포(北野元峰)로 정확하게 기록되어 있지만, 국편본에는 中野元峰로 오기되어 있다.(11월 14일)

부산대본의 원본은 김광업 선생 사후의 종적을 정확히 알 수 없지만, 박영효와 함께 사행했던 종사관 서광범(徐光範)의 날인이 있었다는 설명으로 미루어 보아 서광범이 소장했던 것이 분명하며, 아마도 박영효의 수필본이거나 당대 서광범이 박영효의 기록을 보고 필사했을 확률이 높다. 다시 말해 『사화기략』의 원본에 가장 가까운 본이라 할 수 있으며, 이에 본 번역서는 이 부산대본을 대본으로 삼았다.

## **4** 구성

서문과 일기(日記)로 구성되어 있다. 서문에는 저자 박영효가 수신사로 임명된 날과 일본에 파견된 목적이 기록되어 있다. 본문에는 수신사행의 칙명을 받고 서울을 출발한 1882년 8월 1일부터, 귀국 후 복명한 11월 28일까지의 기록이 일기형식으로 수록되어 있다. 특히 일본 체제 기간 동안 하루도 거르지 않고 그 행적을 기록한 것은 주목할 만하다.

---

1 날짜만 기록한 것은 모두 『사화기략』의 날짜이다.

## 5 내용

『사화기략(使和記略)』에 수록된 공식적인 제4차 수신사행원은, 대조선 특명전권대신 겸 수신사 박영효, 전권부관 김만식(金晚植), 종사관 서광범, 수행원 유혁로(柳赫魯)·이복환(李福煥)·박제형(朴齊炯), 김유정(金裕定)·변수(邊燧)·김용현(金龍鉉)·변석윤(邊錫胤), 종자 김봉균(金鳳均)·조한승(趙漢承)·박영준(朴永俊)이며, 비공식 밀사로 김옥균(金玉均), 민영익(閔泳翊)이 함께하였다.(8월 1일)

수신사의 도일 경로는 제물포−시모노세키(下關)−고베(神戶)−오사카(大阪)−요코하마(橫濱)−도쿄(東京)였다. 고베−오사카, 요코하마−도쿄 구간은 기차를, 그 외 구간은 기선을 이용하였다.

또한 『사화기략』에 수록된 수신사 일행의 일정과 내용은 크게 3가지로 나눌 수 있으며 이하에 간략하게 제시한다.

1. 전권대신 겸 수신사로 임명받고 서울을 출발하여 시모노세키, 고베를 거쳐 도쿄에 도착하여 국서 전달과 비준 문서를 교환할 때까지의 시기.(8월 1일부터 9월 20일까지)

2. 외국의 외교관들과 적극적으로 만나고 유학생에 대한 지원을 모색하던 시기.(9월 21일부터 11월 17일까지)

3. 일본에서의 사행을 마무리하고 귀환하여 복명하는 시기.(11월 18일부터 28일까지)

## 6 가치

1882년 6월 9일 신식 군대인 별기군에 비해 좋은 대우를 받지 못했던 구식군대가 불만을 품고 고지기를 때려 부상을 입히고, 선혜청 당상(堂上) 민겸호(閔謙鎬)의 집으로 몰려가 저택을 파괴하고 폭동을 일으켰다. 군민들은 또 별기군 병영으로 몰려가 일본인 교련관 호리모토(掘本禮造) 공병소위를 죽이고, 일본 공사관(서대문 밖 청수관)을 포위, 불을 지르고 일본순사 등 13명의 일본인을 살해했다. 그러나 하나부사(花房義質) 공사 등 공관원들은 모두 인천으로 도망쳐 영국 배의 도움으로 본국으로 돌아갔다. 이에 일본은 조선 정부에 강력한 위협을 가해 주모자 처벌과 손해 배상을 내용으로 하는 제물포조약을 맺게 하였다.

『사화기략』은 바로 이 임오군란(壬午軍亂) 직후였던 1882년 8월 일본으로 파견되었던 전권대신 겸 수신사 박영효의 사행일기이다. 서문에 따르면 사절단의 파견 목적은, 체결된 제물포조약의 비준서 교환과 양국의 신뢰 회복이었지만, 실제로는 이를 넘어서 제물포조약의 미비점을 보완하여 손해 배상금의 상환 기한을 5년에서 10년으로 연기하도록 조약을 경정(更訂)하는 등 실질적인 외교성과를 거두었다.(9월 15일)

또한 잘 알려져 있듯이, 『사화기략』에는 박영효가 일본으로 가는 배 안에서 우리나라의 국기인 태극기(太極旗)를 처음으로 제정했다는 기록이 있다.(8월 22일) 또한, 여관에 국기를 걸어놓아 조선공사의 관저임을 드러냈으며(8월 14일) 〈기장서차도(旗章序次圖)〉에서 보이듯이 외국 공사들과 함께한 자리에서도 공식적으로 국기를 처음 사용하였다.(10월 3일) 이러한 기록은 태극기의 유래와 제작 과정을 구체적으로 밝히는 유일한 사료(史料)로서, 이 책의 가치를 더욱 높인다.

이뿐만 아니라 『사화기략』에는 전권대신 겸 수신사 박영효가 일본 측과의 교섭 이외에도 영국을 비롯한 서양 여러 나라 외교관들과 활발히 접촉하면서 근대적 외교 체계를 적극적으로 받아들이고 이에 적응

해 나가려 했다는 여러 정황이 기록되어 있다. 예를 들어 날짜를 기록할 때에도 초반부에는 십이지(十二支)를 사용하여 전근대적 중화 체제 안에서 시간을 표기하지만, 일본에서의 체류가 길어지면서 점차 서양식 24시간제로 표기하기 시작한다. 국기, 시간과 같은 근대적 체제에 능동적으로 접근하는 그의 모습은 일황(日皇)을 알현하거나 외국 공사와 이야기할 때에도 다르지 않았다. 재미있게도, 당시의 송사(頌辭)를 조선의 부마이자 사대부였던 그가 '언문'을 이용하여 국한문혼용체로 기록해 놓은 것이다.(10월 3일, 11월 9일)

다시 말하면, 박영효는 공식적인 외교 자리에서 더 이상 '신성한 침묵의 언어'(=한문)는 그 가치를 잃었으며 국민국가로서의 지위와 권위를 인정받기 위해서는 -그가 익숙했든 그렇지 않든 간에- 중화를 탈피한 조선의 모습, 당시에는 존재하지도 않았던 언문일치의 조선어를 전면에 부각시켜야 한다는 사실을 간파하고 있었던 것이다. 그뿐 아니라 중국의 연호를 써오던 관습에서 벗어나 조선의 개국 연호를 사용함으로써 '독립국' 조선의 모습을 만국(萬國)에 알리고자 하였다.

이와 같이 『사화기략』에는 19세기 후반 근대 전환기 조선에게는 혼란스럽고 공평하지 않았던 시대를 어떻게든 견디며 이겨내기 위한 박영효의 여러 시도들이 그대로 기록되어 있다.

# 사화기략(使和記略)

## ○ 서문(序文)

대조선(大朝鮮) 개국 491년(1882) 상(上, 고종)께서 즉위하신 지 19년, 임오(壬午)년 7월 25일, 특명전권대신(特命全權大臣) 겸 수신사(修信使)의 직함을 엎드려 받아 국서를 받들고 일본에 갔다.

신이 삼가 생각건대, 이 일은 6월의 군변(軍變)[1]으로 인해 일본이 병사를 움직이고 속약(續約)을 개정한 후에, 한편으로는 비준서를 교환하기 위함이요, 한편으로는 수신(修信)하기 위해 가는 것이었다. 이 임무를 받든 후부터 밤낮으로 두려워 장차 어떻게 감당해야 할지를 알지 못하였다.

## 8월

### 초1일

대궐에 가서 명을 받으니 임금께서 불러 보시고 간절히 유시(諭示)하

---

1  임오군란(壬午軍亂)을 일컬음.

시니 은혜로운 뜻에 감격하였다. 전권부관(全權副官) 겸 수신부사(修信副使) 승지(承旨) 김만식(金晩植)[2]과 종사관(從事官) 주서(注書) 서광범(徐光範)[3]이 함께 하직 인사를 드렸다. 신시(申時, 오후 3시~5시)에 국서(國書)와 예폐(禮幣)를 받들고 숭례문(崇禮門)을 나섰다. 오랜 벗들이 모두 교외(郊外)까지 나와 말을 건네주니, 나라 떠나는 마음을 금하기 어려웠다. 교리(校理) 김옥균(金玉均)[4]도 이번에 임금의 은밀한 유지(諭旨)를 받들어 일본 도쿄(東京)로 함께 향하니 얼음물을 마시는 회포[5]에 크게 위로가 되었다. 유시(酉時, 오후 5시~7시)에 종행인(從行人) 및 수행원 유혁로(柳赫魯)[6]·박제형(朴齊炯)·이복환(李福煥)·김유정(金裕定)·변수

---

**2** 김만식(金晩植) : 1834~1900. 본관은 청풍(淸風). 조선 말기의 문신. 진사로 1869년(고종 6) 정시문과에 응시하여 병과로 급제한 뒤 동부승지(同副承旨)·공조참의(工曹參議)에 올랐다. 1880년에 제2차 수신사 김홍집(金弘集)의 부사(副使)로서 수행하였다. 1882년 8월에는 수신사 박영효를 수신부사 겸 전권부사로서 수행하였다. 1882년 음력 12월 통리교섭통상사무아문(統理交涉通商事務衙門)의 동문학협판(同文學協辦)으로 영어학교의 장교(掌校)가 되었고, 신문발간의 책임을 겸하게 되었다. 1884년 갑신정변 후 심순택(沈舜澤)을 영의정으로 한 내각의 예조판서를 거쳐, 1894년 6월 평안도관찰사에 임명되었다.

**3** 서광범(徐光範) : 1859~1897. 조선 말기의 관료·정치가. 1882년 4월 김옥균을 수행해 일본의 국정을 시찰하고 귀국한 뒤, 같은 해 8월 수신사 박영효의 종사관으로 다시 일본으로 건너가 1883년 3월 귀국하였다. 수신사 사행시, 흥아회(興亞會) 회원들, 청국 공사들과 함께한 자리에서 시를 나눈 기록이 있다.

**4** 김옥균(金玉均) : 1851~1894. 1872년 문과 장원급제 후 여러 요직을 두루 거쳤고, 충의계를 조직해 개화사상 확산에 힘썼으며, 동남제도개척사 겸 관포경사에 임명돼 울릉도와 독도를 개척했다. 임오군란 후 일본식 급진 개혁을 주장했으나, 외척 민씨 세력에 좌절된 이후, 갑신정변을 일으켰다. 병력 부족으로 청나라 개입에 막혀 3일 만에 실패했으며 일본으로 망명했다. 청일전쟁의 발발 직전에 중국 상하이로 건너갔다가 홍종우에게 암살됐다.

**5** 얼음물을 마시는 회포 : 『장자(莊子)』에 "이제 내가 아침에 명을 받고 저녁에 얼음을 마시니 아마 속에 열이 나는 것 같다.(今吾朝受命, 而夕飮冰, 我其內熱與)"에서 나온 말이다. 사신 가는 사람의 근심을 나타낸다.

**6** 유혁로(柳赫魯) : 1855~1940. 1882년(고종 19) 수신사 박영효의 수행원으로 일본에

(邊燧)·변석윤(邊錫胤)·김용현(金龍鉉)과, 종자(從者) 김봉균(金鳳均)·조
한승(曹漢承)·박영준(朴永俊)이 함께 길에 올랐다. 해시(亥時, 밤 9시~11
시) 부평석천(富平石川) 50리에 이르러 친척 서상식(徐相寔) 씨 댁을 방
문하였다. 점심을 하고 잠시 쉬었다.

## 초9일

맑음. 인시(寅時, 오전 3시~오전5시)에 떠나서 진시(辰時, 오전 7시~오
전 9시)에 인천(仁川) 제물포(濟物捕) 30리에 도착하였는데, 일본의 병루
(兵壘)는 아직도 모두 철거되지 않았다. 변리공사(辦理公使) 하나부사
요시모토(花房義質)[7]가 접견하였는데 바로 용무가 있어 남양(南陽)의 해
안으로 간다기에, 저녁에 남양(南洋)에서 만나기로 약속하고 갔다. 잠
시 후 화도 별장(花島別將)이 점심을 주었는데 식사를 마치니 다카오
겐조(高雄謙三)가 산판선(舢板船)[8]에 오르기를 청하였다. 길을 떠나는
장계(狀啓)를 작성하여 올리고, 모두 일본 배로 향하였는데 배 이름은

---

다녀왔고, 1884년 갑신정변 때에는 오위장 신분으로 참여하여 통신연락과 정찰의무를 맡
아보았다. 정변 실패 후 일본에 망명하여 박영효의 지도하에 유학생 기숙사인 친린의숙
(親隣義塾)을 경영하며 박영효와 김옥균의 신변을 보호하는 역할을 하였다. 1895년 명성
황후시해사건 때 일본군을 이끌고 왕궁에 침범하였으며, 1907년 12월 평안북도관찰사로
임명되었다. 1910년 한일병합이후 경기도 참여관이 되고, 1916년 충북지사로 승진하였으
며, 이듬해 중추원 찬의를 역임하였다. 1921년 6월 식민통치에 협력한 공로로 귀족의 예우
를 받는 종4위를 받았으며, 이후 1940년 사망 때까지 중추원 찬의 및 참의를 지냈다.

7  하나부사 요시모토(花房義質) : 1842~1917. 메이지 시대에서 다이쇼 시대에 걸쳐 활
동한 일본의 외교관. 1877년에 주조선 대리공사(代理公使)에 임명되어 부산의 세관 철거
를 주도했다. 1880년에 초대 한성 공사로 임명되었다. 오카야마(岡山) 번의 번사이며 실
업가이자 초대 오카야마 시장을 역임한 정치가이기도 하다. 추밀고문관, 일본 적십자사
사장을 역임하였다.

8  산판선(舢板船) : 종선(從船). 큰 배에 딸린 작은 배.

메이지마루(明治丸)였다. 조타실[舵樓]에 오르니 참판 민영익(閔泳翊)[9]
이 이미 배 안에 있어 손을 맞잡고 기뻐하였다. 배는 영묘(靈妙)하고
장엄하게 만들어졌고, 선장은 서양 요리를 대접하였다. 미시 정각(未時
正刻, 오후 2시)에 닻을 올리고 유시(酉時 初, 오후 5시경)에 남양 앞바다
5리에 닻을 내려 포 한 방을 쏘아 신호하였는데 하나부사 공사(花房公
使)를 기다리기 때문이었다. 장계는 원문을 싣는다.

### 초10일

이슬비. 묘시(卯時, 오전 5시~7시) 즈음에 하나부사 공사가 기선(汽船)
을 타러 와서 만났다. 묘시 정각(오전 6시)에 배를 움직여 한강 위의 여
러 산들을 돌아보니, 마치 눈썹을 찌푸리면서 사람을 전송하는 듯하였
다. 온종일 바람이 고요하고 물결이 잔잔하여, 마치 거울 속을 지나가
는 듯하니 바다 건너는 수고를 알지 못하였다.

### 11일

맑음. 오후에는 바람이 거세져, 일행 중에 구토하는 사람이 많았다.

### 12일

맑음. 인시 정각(寅時 正刻, 오전 4시)에 아카마가세키(赤馬關, 시모노
세키(下關)의 옛 이름.)에 도착하였는데, 이곳은 나가토슈(長門州)의 경계

---

9  민영익(閔泳翊) : 1860~1914. 조선 고종 때의 문신. 자는 우홍(遇鴻)·자상(子相). 호
는 운미(芸楣)·죽미(竹楣)·원정(園丁)·천심죽재(千尋竹齋). 1883년 전권대신으로 미국
에 다녀온 후 개화당을 탄압하였고, 고종 폐위 음모로 홍콩에 망명하였다. 글씨와 그림에
능하였다고 한다.

이다. 인천 제물포에서 아카마가세키까지는 모두 2백 60리(里)였다.【일본의 10리는 조선의 80리쯤 된다.】인천에서 나침반이 정남쪽을 가리켜 곧장 가니 무안(務安)의 독도(獨島)에 이르렀고, 또 독도로부터 조금 동쪽으로 향하니 배가 흥양(興陽)과 제주(濟州) 사이로 가서 다시 쓰시마(對馬)를 지나 아카마가세키에 이르렀는데, 산천의 경치가 뛰어나고 아름다웠으며 배들과 누각의 좋은 경치도 있었다.

여러 일행과 하나부사 공사가 함께 상륙하여 인력거를 타고 후게쓰로(風月樓)에 들어가 쉬니, 주인이 오찬을 베풀었는데 매우 정결하였다. 이 누각은 언덕 중턱에 있어, 앞으로는 평편한 호수가 임하여 있고 아래로는 많은 시정(市井)을 굽어보고 있는데, 관현(官絃)과 범패(梵唄)의 소리가 연기와 구름, 대나무 숲 사이에서 서로 화답하였다. 이곳 풍속이 층층집과 복각(複閣) 설치하기를 좋아하는데, 등나무로 만든 평상과 대나무 자리[竹簟]는 깨끗하여 티끌 하나 없었으며 기이한 화초와 굽이진 시내, 꾸며 만든 산이 자연스럽게 자리 잡으니 진실로 사랑할 만하였다. 다시 옆의 누각을 살펴보니 야유랑(冶遊郞)[10]이 있어 기생을 불러 술잔을 전하게 했는데, 긴 옷자락을 끌며 넓은 띠를 매고 구름같이 쪽을 지고 귀밑머리 그림자를 낮게 드리운 모습이 표연(飄然)하여 예상우의(霓裳羽衣)[11]의 춤 같았다. 삼현(三絃)의 거문고를 안고서 상아(象牙)로 만든 채로 타니, 소리는 가야금의 옛 곡조와 비슷한데 노래를 몇 곡조 부르니 소리가 맑고 높아 들을 만하였다.

---

10 야유랑(冶遊郞) : 주색에 빠져 방탕하게 노는 사람.
11 예상우의(霓裳羽衣) : 무지개[雲霓]로 만든 치마와 깃털로 만든 웃옷이라는 뜻으로서 여자들의 화려한 차림새를 비유하는 말. 또는 당나라 때 만들어진 무곡(舞曲)의 이름.

유시(酉時, 오후 5시~7시)에 아카마가세키 구장(區長) 엔도 데이이치로(遠藤貞一郎)가 하나부사 공사와 우리 사신(使臣)을 공원에 초청하여 등불놀이를 베풀었는데, 민가에는 각 나라의 깃발을 걸었고, 언덕 위나 강 복판에는 일제히 홍일등(紅一燈)을 켜니, 만 리가 환하게 빛나는 듯하였다. 축포 10여 발을 쏘았는데, 두 나라가 화친 이루는 것을 축하하기 위함이었다. 해군 소장 니레 가게노리(仁禮景範)[12]와 수군의 여러 장좌(將佐)들이 모두 와서, 나와 하나부사 공사를 위로하였다. 술이 들어오니, 예기(藝妓) 수십 명이 거문고를 타면서 노래를 부르고 옷자락을 끌면서 춤을 추는데, 노는 용(龍)과 놀란 기러기의 모습이었다. 연회를 마치고 나서 후게쓰로로 돌아오니, 비가 퍼붓듯이 내렸다. 재촉하여 배 위로 돌아오니 이미 밤 10시였다.

## 13일

맑음. 묘시 정각(卯時 正刻, 오전 6시)에 닻을 올려 배가 양쪽 골짜기 사이로 갔다. 북쪽 골짜기는 스오(周防)·아키(安藝)·빈고(備後)·빗추(備中)·하리마(播磨)·비젠(備前) 6주(州)의 지경이었고, 남쪽 골짜기 언덕은 부젠(豐前)·이요(伊豫)·사누키(讚岐) 3주(州)의 경계였는데, 크고 작은 섬들이 물결 위에 점점이 박혀 있고, 푸른 산의 아지랑이가 사람

---

12 니레 가게노리(仁禮景範) : 1831~1900. 에도 말기의 무사. 메이지 시대의 해군 군인. 1867년 미국으로 유학하였고, 귀국 후에는 병부성(兵務省)과 해군성(海軍省)에 출사하였다. 이후 요코스카 제독부(橫須賀提督府)에서 근무하여, 동해진수부 장관(東海鎭守府長官), 중함대 사령관(中艦隊司令官)을 역임하였다. 1883년 가바야마 스케노리(樺山資紀)의 대보(大輔)로 취임한 후에는 함께 해군성 군사부 설치에 노력하여 부장이 되어, 해군성 개혁에 힘을 썼다. 1892년 제2차 이토 히로부미(伊藤博文) 내각에서 해군대신으로 취임하여, 해군병학교 교장과 해군대학교 교장 등을 역임하였다.

을 감쌌으며, 누대는 빛이 번쩍거려 찬란하고 호수와 산이 짙고 옅어 지극히 접해 보지 못했던 좋은 경치였다.

## 14일

맑음. 인시 정각(寅時 正刻, 오전 4시)에 고베(神戶)에 이르니, 이곳은 효고현(兵庫縣)이다. 아와지슈(淡路州)는 효고현의 문호(門戶)가 되었는데, 개항하고 고베로 이름 하였다. 아카마가세키에서 고베까지는 110리이다.【일본의 리(里)이다.】아카마가세키와 비교하면 웅활하고 장려(壯麗)한 것이 2배나 5배에 정도만이 아니며, 산을 등지고 바다를 끼는 형세였다. 진시(辰時, 오전 7시~9시)에 소륜선(小輪船)을 타고 육지에 내려 니시무라야(西村屋)에 도착하여 쉬었다. 누각에 올라 멀리 바라보니, 줄지어 선 여염집은 서양의 형세인 곳이 많았는데, 치마 입은 자태와 나막신 소리가 고아(古雅)하고 편편(翩翩)하니 자못 사람들의 눈을 즐겁게 하고 나그네의 회포를 씻어주었다. 잠시 후 효고 현령 모리오카 마사즈미(森岡昌純)가 와서 만났다. 이야기를 끝내고 현령이 통역관에게 말하기를,

"우리 현(縣)이 오늘 저녁에 하나부사 공사를 위하여 조그마한 술자리를 마련하니, 대인께서 만일 공무가 없으시다면 다만 왕림하여 함께 양국의 즐거움을 같이 하기를 바랍니다."

하고, 인사를 하고 물러갔다. 유시(酉時, 오후 5시~7시)에 과연 현령이 와서 요청하였다. 나와 부사는 병이 있어 가지 못하고, 종사관인 위산(緯山) 서광범과 수행원 유혁로·김유정·변석윤이 연회에 가서 주인이 손님을 부른 뜻에 감사하였다.

술시(戌時, 오후 7시~9시)에 등불놀이를 보고 돌아와서 모두 말하길,

하나부사 공사의 모친이 연회에 와서 참석하였는데 나이가 70여 세쯤 될 것이라고 하였다. 대개 고베 사람들이 양국의 화친하는 기쁨을 축하하려고 밤새 등불을 켜고 창놀이를 크게 마련하였는데, 신사·숙녀가 모여 떠들썩하고 혼잡하였다. 이곳에 이와 같이 번화하고 영숙(靈淑)한 풍속이 있는지 생각하지 못하여 오래도록 망연(茫然)히 시선을 떼지 못하였다.

○ 지난 날 일본이 병사를 움직일 즈음에 격검(擊劍)의 무리들이 의병(義兵)이라 칭하고 하루도 되지 않아 모여든 것이 만여 명에 이르렀다. 그들은 돈을 모으고 식량을 내어 한 번 싸우는 것을 영광으로 삼고 있었지만 일본 조정에서 이를 허락하지 않아 모두 마음이 섭섭하여 흩어져 가버렸다고 하는데, 이 말을 들으니 오싹하였다. 우리나라를 보면 백성의 기개가 부드럽고 약하며 겁이 많아 일찍이 적개심의 기풍을 볼 수 없으니, 심히 부끄러울 따름이다.

○ 새로 만든 국기를 유숙하고 있는 누각 깃대에 달았다. 깃발은 흰 바탕이며 세로는 가로 폭의 5분의 2에 미치지 못한다. 가운데에는 태극을 그려 청색과 홍색으로 칠하고 네 모서리에는 건(乾)·곤(坤)·감(坎)·이(離) 사괘(四卦)를 그렸는데, 일찍이 임금께 명을 받았던 것이었다.

**15일**

맑음. 미시(未時, 오후 1시~3시)에 부사 김만식과 함께 모리오카 마사즈미(森岡昌純)를 가서 만났다. 그가 말하기를, "저는 본래 삿슈(薩州, 사쓰마(薩摩)) 사람입니다. 삿슈 사람은 평소 사납고 군세며 거칠다고 일컬어집니다. 백성들의 여론은 쇄항(鎖港)을 고집하고 있었는데, 저 또한 주로 그리 논의를 한 사람 중의 하나였습니다. 세상에서 할 일이

날로 변해가고 정치 체재(體裁)는 새로움을 뛰어넘어, 예전에 미워했던 서양인을 어찌 주액(肘腋)[13]처럼 가까운 곳에서 아침저녁으로 함께하는 것을 생각이나 했겠습니까? 유신(維新)[14]도 거의 20년이 가까워오는데도, 백성의 뜻은 오히려 막혀 있으니 걱정입니다. 귀국 지난날의 소요(騷擾)[15]와 같은 것은, 처음부터 예상하던 일입니다. 귀국은 우리나라를 거울삼아 이치에 맞도록 힘써서 사소한 장애로 큰일을 폐하는 일[16]이 없기를 바랍니다." 하고, 또 말하기를 "귀국은 현재 경영(經營)이 널리 퍼지지 못하여, 광산(礦山) 산업을 크게 시작하지 않을 수 없는데, 또한 모름지기 그 좋은 방법을 얻지 못하면 매번 이익을 구하다가 오히려 손해를 보는 법도 알아야 할 것입니다." 하였다. 장황한 수백 마디의 말이 질서와 조리가 정연하며 근거가 있고, 품은 바를 보이며 숨김이 없었으니, 생각 있는 사람임을 알 수 있었다. 얼마 후에 기숙하는 누각에 돌아왔다.

○ 술시(오후 7시~9시)에 들으니, 하나부사 공사가 메이지마루(明治丸)를 타고 요코하마(橫濱)로 향한다고 하여, 유혁로(柳赫魯)·김용현(金龍鉉)·김석윤(金錫胤)·이복환(李福煥)과 생도 박용굉(朴容宏)·박명화(朴命和)와 종자(從者) 조계승(曹溪承)을 미리 보내 요코하마 등에 가서 기다리게 하였다.

---

13 주액(肘腋) : 팔꿈치와 겨드랑이처럼 사물이 자기(自己) 몸 가까이 있음을 뜻하는 말.
14 유신(維新) : 메이지 유신(明治維新).
15 지난날의 소요(騷擾) : 임오군란을 일컬음.
16 사소한… 폐하는 일 : 목이 멘다고 그 음식을 먹지 않는다(因噎廢食)는 뜻으로, 사소한 장애를 두려워한 나머지 중대사를 폐(廢)함을 이르는 말.

## 16일

맑음. 영국 영사관(領事官) 관원인 애스턴(阿須敦, W. G. Aston)[17]과 벨기에 대리(代理)가 와서 만났다.

## 17일

맑음. 영국 영사관이 와서 만났다.

## 18일

조금 흐림. 독일국 영사관이 와서 만났다. 영국 영사관과 부인이 편지를 보내어 만나기를 청하였다. 【20일 만찬.】

## 19일

비. 영국, 미국, 독일 영사관을 방문하고 아울러 지난 방문에 감사인사하였다.

## 20일

비. 저녁에 부사 김만식·종사관 서광범, 고우(古愚) 김옥균과 함께 영국 영사관을 방문하고 만나 이야기하였다.

---

**17** 윌리엄 조지 애스턴(W. G. Aston) : 1841~1911. 아일랜드 출생의 영국인이며 외교관·언어학자이다. 1862년 퀸스 대학 졸업. 1864년 에도(江戶) 주재 영국 공사관 통역관으로 도일(渡日). 1884년 주차(駐箚) 조선 총영사가 되어 서울에 왔다. 1885년 갑신정변으로 주한(駐韓) 미국 특명전권대사와 함께 한·일 양국 간의 조정을 담당, 그해 영국함대의 거문도 점령 사건으로 사임하고 귀국했다.

## 21일

맑음. 부사와 함께 사진관에 가서 사진을 찍었다.

○ 미각(未時, 오후 1시~3시)에 벨기에 영사관을 방문하여 지난 방문에 감사 인사하였다.

○ 효고 현령과 영국 영사관이 와서 만났다.

## 22일

맑음. 영국 영사관에게 가서 작별하였다.

○ 오시(午時, 오전 11시~오후 1시)에 부사와 함께 누쿠이(溫井) 목욕탕에서 고우(古愚)를 찾아가 만났다.

○ 폭포를 보았다.

○ 부산선편(釜山船便)에 장계(狀啓)를 작성하여 올렸다.

절충장군 행용양위부호군 전권부관 겸 수신부사(折衝將軍行龍驤衛副護軍全權副官兼修信副使) 신(臣) 김만식과, 상보국숭록대부 특명전권대신 겸 수신사(上輔國崇祿大夫特命全權大臣兼修信使) 신 박영효가 이달 초9일 손시(巽時, 오전 8시 반~9시 반)쯤 인천부 제물포에서 배로 출발한 연유는 이미 주상께 아뢰었으며, 당일은 닻을 내리고 남양외양(南陽外洋)에서 머물러 잤다가 다음날 아침에 배가 떠나, 12일 사시(巳時, 오전 9시~11시) 쯤에 일본 아카마가세키에 도착하여 닻을 내렸습니다.

신 등 일행은 육지에 내려 잠깐 쉬었습니다. 술시(戌時, 오후 7시~9시)쯤에 다시 윤선(輪船)을 띄워 14일 묘시(卯時, 오전 5시~7시)쯤 고베에 도착하여 육지에 내리고, 점사(店舍)에 머물러 묵으면서 기선(汽船)이 도착하기를 기다리다가 도쿄(東京)로 떠나려고 하고 있습니다. 우리나라 국기를 새로 만드는 일은, 이미 처분이 계셨기에 지금 벌써 대기(大

旗)·중기(中旗)·소기(小旗)로 3본(本)을 만들었는데, 그 작은 기 1본(本)을 올려 보내면서 그 연유(緣由)를 급히 아뢰오니, 절차에 맞게 선계(善啓)[18]해야 할 것입니다.

개국 491년 임오년 8월 22일 오시(午時).

특명전권대신 겸 수신사 박영효가 상의할 일은, 지금 시급히 계(啓)를 드릴 일이 있어 장계를 만들어 보냅니다. 계본(啓本) 1통(通)과 기무처(機務處)에 가는 서간(書簡) 1봉(封)을 함께 선편(船便)에 부치니, 도착 즉시 속히 파발하여 밤을 새워 임금께 올려, 혹 지체되어 잘못됨이 없도록 하고, 기무처의 회신은 도착 즉시 영리한 통사(通事)를 정하고 선편을 구하여 일본 도쿄의 본 대신이 머무는 곳에 반드시 당도해야 하는 일이니, 모두 관문(關文, 공문)을 보내어 청해야 하겠기에 위를 동래부사(東萊府使)에게 관(關)함.

개국 491년 임오년 8월 22일 준차(准此).
특명전권대신(特命全權大臣) 박영효 서명(署名)

### 기무처에 보내는 글

국기(國旗)의 표식(標式)은 메이지마루 안에서 영국 영사 애스턴과 이야기하였는데 그가 말하기를 '그 배의 선장 영국 사람이 두루 세계를 다녀 각국 깃발을 익숙하게 잘 알고, 또 각양각색의 분별(分別)과 멀고 가까움, 같고 다름도 모두 능히 꿰뚫어 안다.'고 하였기에 그와 상의하

---

**18** 선계(善啓) : 임금에게 서면으로 아뢰는 일을 높여 이르는 말로, 선신(善申)이라고도 한다.

니, '태극8괘(太極八卦)의 표식은 특별히 뛰어나지만, 팔괘의 분포가 자못 조잡하여 명백하지 못하게 나타나고 또 각국이 모방함에도 매우 불편하니, 다만 4괘만 사용하여 네 모서리에 긋는다면 더욱 아름다울 것이다.'고 하였습니다. 또 말하기를, '외국은 국기 외에 반드시 군주의 기표(旗標)가 있는데, 대개 국기와 모양을 비슷하게 하여 채색과 무늬를 설정하는데 복잡하고 선명한 것이 가장 좋다.'고 하였습니다. 국기의 대·중·소 각각 1본씩을 그 선장에게 만들게 하여, 소기(小旗) 1본은 지금 장계(狀啓)를 작성하여 주상께 올려 보냅니다. 기호(旗號)는 태극이 가운데 있고, 팔괘는 기(旗) 가장자리에 둘러 배치하는 것이 아마 좋을 듯하고, 바탕은 오직 빨간 색을 쓰는 것이 선명할 듯합니다.

이미 각국과 통호(通好)한 후에는 무릇 사신으로 나가는 사람이 예의상 국기가 없을 수 없습니다. 각 항구에 있는 여러 병함(兵艦)을 만나는데 6문 이상의 대포를 싣고 있는 것은 반드시 축포가 있어 예절로써 대접하는데, 이때에 해당 국가 사신의 국기를 마땅히 걸어서 분별해야 합니다. 또 조약을 맺은 각국의 여러 가지 경축절(慶祝節)이 되면 국기를 달고 서로 축하하는 예가 있으며, 각국 공사들이 서로 모이면 국기로 좌석의 차례를 표시합니다. 이같이 각각의 건수들을 보면, 국기를 만들어 지니지 않을 수가 없고, 영국·미국·독일·일본의 각 나라가 모두 베껴서 그려 가겠다고 청하니, 이것은 천하에 널리 밝히는 것으로 이어집니다. 상세히 임금께 아뢰어 주시길 바랍니다.

메이지마루를 타고 아카마가세키에 이르니, 그곳 관민들이 양국의 화의(和議)가 다시 이루어진 것을 축하하여, 공원(公苑)에 색등을 설치하고 연회석을 크게 열어 초청하였기에 연회에 갔는데, 사상관민(士商官民)이 혼잡하게 모두 와서 번갈아 손에 술잔을 들면서 축하하는 말들이 풍성하게 넘쳤습니다. 그 나라의 풍속이 자못 볼만하였습니다. 밤이 늦었을 때 맞은 편 언덕에서 창 놀이를 크게 하여, 하늘에 가득하고 바다에 두루 널려 모두 비단과 같았습니다. 또한 족히 밤의 조망(眺望)을 막힘없이 유쾌하게 하였습니다.

고베에 이르니, 그곳 사람들과 집들의 번화함과 상객(商客)의 성대함이 아카마가세키의 열 배는 되었습니다. 그리고 또 경하하는 모임이 있었으나 마침 현기증이 나서 가지 못하였습니다. 메이지마루는 그저께 도쿄로 신속히 돌아가고, 일행들은 뱃멀미를 많이 앓아 며칠간 잠시 머물면서 비각선(飛脚船)을 기다리고 있었는데, 외무경(外務卿) 이노우에 가오루(井上馨)가 이곳에 와서 묵고 있으니 같이 배를 타고 도쿄로 갈 수 있다고 하였습니다. 그의 말이 은근하여 간략히 따로 기록하였으니, 여러분께서는 깊이 의논하여 확실히 품달(稟達)하고 속히 회답하시기를 바랍니다.

이노우에 가오루와 담화한 것을 초록함.

이노우에 가오루가 묻기를, "귀 대신의 전권(全權)은 무엇에 관한 것입니까." 하니 두 가지 건의 일을 대답했습니다. 그가 또 말하기를, "우리 조정이 저번에는 오로지 세칙(稅則) 한 가지 일을 위하여 하나부사 공사로 하여금 귀국의 서울에 가서 일을 판별하여 처리하도록 했는데, 일이 끝났다고 알리기도 전에 귀국에서 변란이 일어났으니 참으로 양국의 불행이었습니다. 그러나 지금 평화의 국면이 다시 만들어져 귀국 주상의 특명전권이 우리나라에 도착하였으니 이는 참으로 양국 인민이 손뼉을 치고 천하만국이 목을 빼고 기다렸던 일입니다. 지금 전권이 단지 보상·조약의 교환 두 건에만 있다고 하는 것은, 실로 천하의 웃음

거리입니다. 또 세칙, 한 가지 일은 귀국에서 가장 시급히 해야 할 일입니다. 하나부사의 말에 따르면, 큰 절목은 이미 바른 길로 돌아오게 되었고, 작은 항목도 역시 가닥을 잡아가고 있다고 합니다. 지금 귀 대신(大臣)이 와서, 만약 또 의정(議定)하지 못한다면, 비단 귀국만 손해가 적은 것이 아니라 일본 정부도 오래도록 천하의 비난을 받게 될 것입니다. 대개 귀국에서 의심하여 결정하지 않는 것은 수세(收稅)의 일이라 생각되는데, 이해(利害)를 훤히 살피지 못하기 때문에 일본에게 속임을 당하지 않을까 해서일 것입니다. 설령 우리나라가 진정 여기에 공정하지 못한 뜻을 품고 있다고 하더라도, 귀국에서도 또한 손실이 많을 것입니다. 세관(稅關)의 일에 익숙하지 못하기 때문에 남에게 손해를 보았다고 하더라도, 통상(通商)한 지 몇 해 동안에 조금의 세금도 거두지 못하였으니 그 이해가 또한 어디에 있겠습니까? 또 세관이라는 한 가지 일을 환하게 알려고 한다면 빨리 세액을 정하고 그에 따라 거두어서 경력을 쌓고 실제로 경험을 얻어야 할 것입니다. 이는 우리나라가 수십 년 이래, 지금에야 그 이해의 전말을 깨닫게 되어서 각국과 조약 개정을 하려고 하는 것입니다. 그 이른바 세금(稅金)을 걷는 한 조목은, 비록 서양인이 박학다식하더라도 해관의 일을 겪어 보지 않았다면 나중에도 그 이해를 명백히 알지 못하는 것인데, 하물며 귀국은 일찍이 각국과 통상을 해보지 않았으니… 지금 충심으로 아뢸 한마디는, 바라건대 귀 대신께서는 급히 귀 조정에 보고하여 일본국 외무경 이노우에 가오루란 사람이 '세칙의 큰 절목은 모두 귀국이 구미 세 나라(영국·미국·독일)와 정한 세액으로 표준을 삼고, 세목에 이르러서도 역시 공평하게 타협하여 빨리 세금을 거두어서 경상적으로 쓸 비용의 만 분의 일이라도 보충하도록 하라'고 말했다고 하십시오. 이것이 진정한 일본 정부의 공의(公議)입니다. 다만 세약(稅約)의 연한 개정은, 기한을 앞당겨 의정한다면 시행상의 이롭고 해로운 문제는 또한 때에 따라 바로잡을 수가 있습니다. 또 만약 귀국이 각국과 더불어 세(稅)를 정한 후에 일본과의 약관(約款)이 공평 타당한 안건(案件)이 아니라면, 역시 귀국과 다시 의논하여 고칠 것입니다. 저의 진심으로 논의한 것이 변함없이 이에 이르렀는데도 귀 조정(朝廷)에서 아직도 결정하지 못하는 것이 있다면 또한 감히 알지 못하겠습니다." 운운 하였습니다.

그가 계속 말한 것을 거의 모두 다 기록할 수는 없지만 그의 말이 이미 이와 같기에, 사실에 의거하여 보고 드리지 않을 수 없으므로 대략 기록한 것을 갖추었으니, 모름지기 여러분께서는 깊이 의논하여 성상께 아뢰어 결정해주시기를 바랍니다. 만약 지금 사정에 비추어 결정함을 중대하게 여기신다면, 모름지기 즉시 대절(大節)·소목(小目)과 원조약의 문안을 의논하여 확정하고 동래부에 부쳐주는 것이 좋겠습니다. 또한 만약 인천항에 빨리 오는 선편이 있으면 거기에 부쳐주는 것도 좋겠습니다. 다만 시급히 서로 타협하여 회서(回書)의 말씀이 있기를 기다릴 뿐입니다.

### 23일

맑음. 진시 정각(辰時 正刻, 오전 8시)에 기차를 타고 고베에서 오쓰(大津)로 향하다가 돌아와서 서경(西京, 교토)을 지나는데, 교토부 지사(京都府知事)가 1등 속관(一等屬官)을 보내어 영접하고 음식을 대접하였다.

### 24일

흐림. 교토의 여러 곳을 두루 구경하였다.

### 25일

비. 돌아오는 길에 오사카(大阪)에 도착하니 오사카부지사(大阪府知事)가 소서기관(少書記官)과 일등 속관을 보내어 영접하고 식사를 대접하였다. 제동창(製銅廠)·제기창(製器廠)·포병공창(砲兵工廠)을 관람하였다.

### 26일

흐림. 진대(陣臺)에 가서 군대가 훈련하는 것을 보았다. 또 조폐국(造幣局)을 구경하고 돌아와 세이카로(淸華樓)에 이르니 교리(校理) 김만식과 종사관 서광범이 왔다. 오후 5시에 오사카에서 돌아와 고베에 이르니 효고 현령(兵庫縣令)이 마차를 보내주어 철도장(鐵道場)에 이르렀다.

### 27일

맑음. 부사 김 교리, 서 종사관과 함께 사진국(寫眞局)에 가서 사진을 찍었다.

### 28일

맑음. 효고 현령에게 작별 인사하러 갔으나 만나지 못했다.

### 29일

아침에는 맑고 저녁에는 흐림. 효고 현령이 와서 작별하였다.

○ 오후 1시에 일행이 지누(茅渟)로 나와서 도쿄마루(東京丸)【화륜비각(火輪飛脚)이다.】를 탔는데 이노우에 가오루도 함께 탔다. 8시에 닻을 올렸는데 조금 풍파가 있었다. 새벽까지 비가 뿌려지고 풍랑이 크게

일어 배가 갈 수 없었다. 파도로 인하여 포구(浦口)에 들어가서 닻을 내렸다.

### 30일

아침에 비가 내렸고 저녁에는 갰다. 바람이 한결같이 거세어 배가 나아갈 수가 없었다. 이노우에 가오루와 서로 만났다.

# 9월

### 초1일

흐림. 축시(丑時 正刻, 오전 2시)에 배가 출발했으나 바람이 멈추지 않았다. 도토미(遠江)의 여울을 지나니 일행이 구토를 하고 누워서 일어나지 못하였다.

### 초2일

저녁에는 맑음. 오후 4시에 요코하마(橫濱)에 도착하여 정박하였다. 【고베에서 요코하마에 이르렀다】 외무성에서 이미 출장소(出張所)를 갖추고, 공사 하나부사 요시모토와 외무대서기관(外務代書記官) 다케조에 신이치로(竹添進一郎)가 영접하러 나와서 기다리고 있었다. 이마무라 텐(今村店)에서 잠시 쉬었다. 술시(戌時, 오후 7시~9시)에 정거장에 나가 기차를 타고 도쿄로 향하였다. 1시간 만에 세이쇼지(靑松寺)에 도착하여 쉬었다. 절의 규모는 심히 크고 넓었으며 못과 대, 정원 숲이 그윽하고 깊숙하여 사랑스러웠다. 궁내성(宮內省)에서 일체의 경비를 제공하였는데, 자못 간절한 뜻을 살필 수 있었다.

외무대서기관(外務大書記官) 다케조에 신이치로와 주임 어용괘(奏任御用掛) 가사하라 쇼키쓰(笠原昌吉)·1등속(一等屬) 미와 호이치(三輪甫一)·6등속 이와타 마사유키(岩田眞行)·10등속 하라 요시야(原吉也)·판임어용괘(判任御用掛) 스미나가 슈조(住永琇三) 외 1등속 야스호 가즈키요(安保一淸)·지가 마사토시(千賀方利)·오노 마사요시(小野勝義)·어학생도(語學生徒) 고쿠부 쇼타로(國分象太郞)가 모셔서 접대하며 인사하였다.

상사(上使)·부사와 종사관은 각각 한 방으로 정하고, 수행원들은 하나의 큰 방에 함께 모였다. 또 따로 내외 객청(客廳)이 있는데, 모두 꽃무늬 카펫을 깔아 놓았다. 관문(館門) 안에는 순사(巡査)를 배치하여 밤새 파수하도록 하였다. 다과(茶菓)·등촉(燈燭)의 소모품과 수건, 빗, 목욕과 세수하는 도구도 세세히 갖추어져 있었다. 매일 세 끼의 식사를 제공하는데 풍성하고 정갈하였다.

○ 도쿄에 도착한 일을 외무성(外務省)에 조회(照會)하였다.

대조선 특명전권대신 겸 수신사 박영효가 조회합니다. 참조해 보니, 본 대신이 특명전권대신의 임무를 받들어 전권부관 김만식, 종사관 서광범, 수행원 유혁로·이복환·박제형, 김유정·변수·김용현·변석윤, 종자 김봉균·조한승·박영준과 함께 이번 8월 초9일에 본국을 출발하여 이달 초2일에 귀국의 서울에 도착하여 서로 조회하여야 하니 귀경(貴卿)께서는 조회를 살피소서.

조회(照會)가 잘 도착하기를 바람.

이상 대일본 외무성 이노우에 가오루 각하에게 조회합니다.

개국(開國) 491년 9월 초2일.

## 초3일

맑음. 피곤을 풀려고 이리저리 거닐었다.

## 초4일

맑음. 외무경에게 서신을 보냈다.

○ 외무경의 답서가 왔다.

삼가 아룁니다. 지금 체후가 크게 편안하심을 생각하니 송축(頌祝) 드립니다. 본 대신(大臣)이 배에서 짐을 풀던 날에 마땅히 즉시 만났어야 하는데, 풍파에 시달려 조금 병이 생겨 며칠을 끌게 되니, 겸연쩍고 부끄러움이 매우 깊습니다. 내일 오후 1시에 귀 성(省)에 달려가려 하는데, 이에 먼저 서신을 보내 회신을 기다립니다. 날마다 복되시기를 바라며, 불선[19]합니다.

임오년 9월 초4일.

조선 특명전권대신 박영효

일본 외무경 이노우에 가오루 각하

삼가 답합니다. 귀 서신을 받아 읽고, 각하가 음력 9월 초5일 오후 1시에 왕림하여 저를 만나신다는 것을 잘 알았습니다. 그 시간에 삼가 외무성에 있겠습니다. 각하께서 파도로 고생하셨는데 안부 여쭙습니다. 하루가 지나기 전에 곧 회복될 것이라 생각합니다. 이내 날마다 복되시기를 빕니다.

메이지 15년 10월 16일.

---

**19** 불선(不宣) : 편지 끝에 쓰는 말. 사연을 다 말하지 못하고 이만 줄인다는 뜻임.

외무경 이노우에 가오루
박영효 각하

## 초5일

맑음. 오후 2시에 부사(김만식)·종사관(서광범) 및 수행원 이복환·김유정과 함께 마차를 타고 외무성에 갔다. 대서기관(大書記官) 다케조에 신이치로가 객청에서 불러 들였다. 원탁(圓卓) 네 둘레에 의자를 놓아 앉았는데 잠시 후에 하나부사 공사(花房公使)가 들어와서 인사를 하고, 다시 잠시 이따가 외무대원(外務大員) 7명이 차례대로 들어와서 인사하였다. 외무경 이노우에 가오루·대보(大輔) 요시다 기요나리(吉田淸成)·소보(少輔) 시오다 사부로(鹽田三郎)·공사 하나부사 요시모토는 주인석에 가서 차례로 앉고, 나는 부사·종사관과 더불어 손님석으로 가서 차례로 앉았다. 대서기관 다케조에 신이치로·권대서기관(權大書記官) 고묘지 사부로(光妙寺三郎)·소서기 사이토 슈이치로(齋藤修一郎)·권소서기(權小書記) 아카바네 시로(赤羽四郎)는, 외무경 뒤에 의자를 놓고 앉았으며, 두 수행원은 내 뒤편에 의자를 놓고 앉았고, 3등속(三等屬) 전어관(傳語官) 아사야마 겐조(淺山顯三)는 외무경 옆에 서 있었다. 서로 문안 인사를 마치자, 외무경이 말하기를,

"바다를 건너오는 여러 절차에 노고가 없으셨습니까?"

하므로 답하기를,

"다행히 큰 걱정은 면하였습니다."

하고 내가 말하기를,

"지난 번 우리나라의 민변(民變)은 실로 뜻밖의 일이었습니다. 즉시 화친이 이루어져서 혐의가 갑자기 풀리고 교제가 더욱 친밀해졌으니

천만다행이라 할 수가 있습니다."

하니 외무경이 말하기를,

"이 일로 인하여 교의(交誼)가 더욱 돈독해졌으니 심히 경하할 일입
니다."

하였다. 나는 이내 전권자거(全權字據)[20]의 초본을 외무경에게 꺼내어
보였는데, 종사관이 나에게 서계(書契)를 전하여 내가 외무경에게 다시
전달하니, 외무경 이하의 관원이 돌려가며 보았다. 외무경이 말하기
를, "지금 귀 서계를 보니 이제부터 교제(交際)는 의심하여 막힐 것이
없겠습니다."

하였다. 내가 말하기를,

"지금 국서를 받들고 왔으니, 폐하를 알현할 시일을 속히 질정(質
定)[21]해 주시면 좋겠습니다."

하고는, 이내 국서의 등본을 외무경에게 전하였다. 외무경 이하 여러
관원이 보기를 마치자, 외무경이 말하기를,

"내일은 나라의 제사이니 며칠 안에 조정에 품달하고 통보하겠습
니다."

하였다. 나는 이에 폐하를 뵈올 때의 송사(頌辭) 초본(抄本)을 꺼내 보이
고, 이내 작별 인사를 하고 읍을 하였다. 지나다가 외무경의 관저를 방
문하여 세 사신의 명함을 주고 돌아왔다.

○ 신시(오후 3시~5시)에 외무경 이노우에 가오루가 명함을 놓고 온
것을 사례하러 와서 객청(客廳)으로 맞아들이고 이야기를 마치자, 내가

---

**20** 전권자거(全權字據) : 전권 위임 신임장.
**21** 질정(質定) : 갈피를 잡아서 분명하게 정함.

말하기를,

"국서를 드릴 때에 예(禮)하는 순서를 도식(圖式)으로 써서 보여 주시기를 청합니다."

하니 외무경이 말하기를,

"말씀대로 하겠습니다."

하고, 이내 인사하고 갔다.

### 전권자거(全權字據)

대조선국 대왕은 상보국 금릉위(上輔國錦陵尉) 박영효를 파견하여 특명전권대신(特命全權大臣)으로 삼고, 용양위 부호군(龍驤衛副護軍) 김만식을 전권부관(全權副官)으로 삼아 앞으로 일본에 가서 국서를 드리고 아울러 대일본국 대황제 혹은 태정부대신(太政府大臣)과 더불어 속약(續約)을 비준하고, 전보(塡補)[22]의 일을 겸하여 처리하고, 거듭 우의를 맺어 화호(和好)를 영구히 보전하도록 한다. 경 등은 모두 충성스럽고 근실하고 돈후하고 신중하니 반드시 능히 타협(妥協) 되도록 판리(辦理)할 수 있다. 이 유시(諭示)는 개국 491년 초8일에 한성 도성(漢城都城)에서 있었으며, 어보(御寶)를 써서 직함을 밝히며 적확한 빙거(憑據)[23]로 삼게 한다.

### 서계(書契)

삼가 이에 조회합니다. 우리나라의 6월 초10일 군란(軍亂)은 실로 고

---

**22** 전보(塡補) : 부족한 것을 보충하는 것. 채우는 일. 보전(補塡). 여기서는 임오군란(壬午軍亂) 배상의 일을 말함.
**23** 빙거(憑據) : 어떤 사실을 증명할 만한 근거, 또는 그런 근거를 댐.

금에 없었던 변(變)이었습니다. 그때는 창황하고 급거(急遽)하여 미처 단독 서한[專函]을 보내지 못하였는데, 지금 따로 대강의 내용을 진술하여 걱정을 같이하고 분개(憤慨) 하는 뜻을 함께하고자 합니다. 이에 생각하니 변란이 안정되자 관곡한 우호에는 마땅히 서계를 보내야 할 것이기에, 현재 우리나라에서는 조정의 명령으로 특명전권대신 겸 수신사 금릉위 박영효·전권부관 겸 수신부사 김만식·종사관 부정자(副正字) 서광범을 파견하여 오로지 귀국에 가서 교제를 처리하게 하였으니, 미진한 일은 스스로 짐작하고 헤아려 타협할 것입니다. 귀 조정(貴朝廷)에 바라옵기는, 성신(誠信)으로 서로 믿으면 화해(和解)의 사무를 능히 마칠 수 있을 것입니다. 몹시 기다려집니다. 삼가 평안하시길 송축합니다.

따로 아뢸 것은 우리나라와 귀국은 본래 우호가 돈독하였는데 지난번 이후로 더욱 보거(輔車)·순치(脣齒)와 같은 형세가 있어 피차간에 화목을 보전하여 영원히 편안하고 고요했으면 했습니다. 어찌 뜻밖에 변란이 생기고 난역(亂逆)이 갑자기 일어나서 서울에서 광풍이 일어나고 궁궐로 달려들어, 우리 왕비(王妃)를 몰래 사가(私家)로 가게 하고 보신(輔臣)·근신(近臣)이 같은 때에 해를 입음을 생각이나 했겠습니까? 귀국 공사관까지 타버리고, 교사(敎師)가 창을 맞아 무고하게 비명횡사하며 모두 참혹하게 당하였으니, 이는 고금에 없었던 화란(禍亂)이었습니다. 모두가 우리나라의 신료들이 조정의 명령을 능히 보좌하지 못하고 나랏일을 안정시키지 못하여 이에 이른 것이니 얼굴을 내밀 수가 없습니다.

어찌 다행히도 귀국에서 의심하실 만한 상황임에도, 다만 환호(驩好)만 중히 여겨 공사를 거듭 파견하여 수일 내에 도착하여 다시 관약(款

約)을 맺었으니, 이는 실로 양국의 불행 중의 다행입니다. 우리나라가
처음에는 부끄러워했지만 나중에는 감동하여, 귀국의 선린(善隣)하고
자 하는 지극한 뜻을 깊이 알고 말할 바를 알지 못하겠습니다. 흉도(兇
徒) 정완린(鄭完隣) 등 11명은 이미 체포하여 사형에 처했으며, 손순길
(孫順吉) 등 3명은 잇따라 잡아서 즉시 효시(梟示)하였고, 이진학(李辰
學) 등 3명은 죄가 조금 가벼웠지만 모두 엄벌에 처하여 먼 곳으로 유배
보냈으니, 이는 우리나라의 형전(刑典)에서도 피할 수가 없는 것입니
다. 아울러 귀국 공사와 함께 참작하여 공평하게 의논하여 법대로 징벌
처리하여 영원히 감계(鑑戒)를 보여야 할 것입니다. 이내 중외(中外)에
널리 유고(諭告)하여 죄다 들어 알도록 했습니다. 이로부터 큰 화목에
이르러서 함께 아름다운 복을 보전하기를 바랍니다. 아울러 귀 조정에
서도 양찰하시기 바랍니다.

### 초6일

비. 외무경이 폐하를 알현하는 일의 조회(照會)를 보내왔다.

서간으로 아뢰어 올릴 말씀은, 각하께서 국서를 드리기 위하여 우리
황제 폐하를 알현하는 절차를 청구하셨는데 우리 황제 폐하께 마침내
주달되어 오는 19일 오후 제 2시에 각하를 접견하도록 허가한다는 유지
를 내리셨으므로, 그날에 참내하시길 바랍니다. 이만 삼가 그칩니다.

메이지 15년 10월 17일.

대일본 외무경 이노우에 가오루 (인)

대조선 특명전권대신 박영효 각하

(역한문 번역 생략)

## 초7일

비. 조회의 회답을 외무성으로 보냈다.

○ 국서 중에 따로 갖춘 예물을 외무성에 먼저 보냈다.

○ 외무대보(外務大輔) 요시다 기요나리(吉田淸成)[24]와 소보(小輔) 시오다 사부로(鹽田三郞)가 바로 와서 만났다.

○ 술시에 외무경이 서신을 보내왔다.

○ 문부경(文部卿) 후쿠오카 다카치카(福岡孝弟)[25]가 서신을 보내왔다.

○ 이노우에 외무경의 서신에 답하였다.

대조선 특명전권대신 박영효는 조회에 회답합니다. 귀 외무경이 조회한 중에 따르면, '본 대신이 국서를 바치기 위하여 황제 폐하를 뵈옵기를 청하는 의절(儀節)은 이미 주달되었으므로 귀력(貴曆, 양력) 이달 19일 오후 2시에 접견하도록 서로 조회한다.'는 등이 왔으므로 본 대신이 삼가 이미 받았고, 이내 마땅히 정한 시각에 궁궐에 나아가고 친히 진정(進呈)하오니 귀국 외무경께서는 살펴 대조하십시오. 조회(照會)가 잘 도착하기를 바람.

---

**24** 요시다 기요나리(吉田淸成) : 1845~1891. 막말의 사쓰마 번사, 메이지 초기의 관료(외교관, 농상무관료). 1865년에 영국, 미국에 유학하였다. 1870년의 귀국 후에 대장성에 출사하고 1872년에 차관 모집을 위해 도미하였다. 1874년 미국에서 체재하던 중 미국주재 공사에 임명되어, 1878년에 요시다 에바쓰 조약을 체결하였다. 1882년 외무대표로 임명되어 귀국, 외무경 이노우에 가오루 아래에서 조약개정에 임했으며, 1886년에는 농상무대보를 역임하고 초대 차관에 임명되었다. 1887년에 자작에 봉해지고 원로원 의관으로 전출되어 추밀고문관이 되었지만 47세 나이에 급사하였다.

**25** 후쿠오카 다카치카(福岡孝弟) : 1835~1919. 일본의 막말에서 메이지 시대에 이르기까지 도사(土佐) 지역의 번사(藩士), 정치가. 도쿠가 요시노부(德川慶喜)에게 대정봉환(大政奉還)을 권고하고 공의정체론(公議政體論)을 주장했다. 메이지 정부 시기에는 의사제도(議事制度)의 확립을 위해 노력하였으며, 원로원 의관(元老院議官), 참의 겸 문부경(參議兼文部卿) 등을 역임했다.

이상 일본 외무경 이노우에 가오루 각하께 조회합니다.

개국 491년 9월 초7일.

예물 4종【국서 중 별도로 갖춘 것】
『여사제강(麗史提綱)』²⁶ 1부(部)【23책(冊)】
고려자기(高麗磁器) 1사(事)
은반상(銀盤床) 1구(具)【19건(件)】
심산문석(沁産紋席, 강화도의 화문석)【10립(立)】
미미한 예의를 표시하오니 헤아려 받아 주시기 바랍니다.

이번 달 28일 히토쓰바시(一ッ橋) 밖의 도쿄 대학(東京大學)에서 졸업생의 학위기 수여식이 거행되오니 그날 오후 4시 30분 그곳에 와주시기를 청합니다.

메이지 15년 10월 18일.
일본 문부경 후쿠오카 다카치카(福岡孝弟)
조선국 사절 박영효 각하

【덧붙여, 식장의 사정도 있기에 수행원은 12명으로 한정하여 데리고 오셨으면 합니다. 참석 여부는 오는 12일까지 알려주십시오.】

---

**26** 『여사제강』: 활자본. 23권 23책. 1667년(현종 8년) 간행. 주자(朱子)의 『자치통감강목(資治通鑑綱目)』의 체재를 모방한 것이다. 정인지(鄭麟趾) 등이 편찬한 『고려사』(139권 100책)가 너무 방대하여 요점을 파악하기 어려우므로 이를 개관, 조선시대의 사료(史料)를 몇 가지 사용하고 있으나, 전적으로 『고려사』에 의거하고 체재만 편년체로 바꾸었다. 송시열(宋時烈)의 서(序)가 있다.

서간으로 아뢸 말씀은, 오는 19일 각하께서 우리 황제 폐하께 알현 드리실 때에 이상의 순서로써, 민영익·김옥균 두 분께도 전달하시어 각하의 입궐 때에 동반하여 주시길 바랍니다. 삼가 이만 그칩니다.

메이지 15년 10월 18일.

대일본 외무경 이노우에 가오루

대조선 특명전권대신 박영효 각하


(역한문 번역 생략)


삼가 회답합니다. 지금 귀 외무경의 서신을 보니, 귀력(貴曆)으로 이번 달 19일에 귀국 황상께서 본 대신을 접견하실 때에 민영익·김옥균도 형편에 따라 뵙는 것에 대해 상유(上諭)를 받들었다고 하셨습니다. 본 대신이 이미 민·김 두 사람에게 전하여 알렸으니 모두 마땅히 삼가 유지(諭旨)를 받들 것입니다. 이내 귀국 황상의 특별한 은혜를 생각하면 실로 각별함에서 나온 것이니, 본 대신은 감격하고 황공하기 이미 비할 바가 없습니다. 저 두 사람의 영광됨은 또 어떠하겠습니까? 그 진현(進見)하는 절차로 각하를 번거롭게 하는 일이 마땅히 있을 것입니다. 삼가 이에 두루 감사하옵고 날마다 평안하심을 빕니다.

개국 491년 9월 초7일.

대조선 특명전권대신 박영효

대일본 외무경 이노우에 가오루 각하


**초8일**

맑음. 외무경이 서신을 보냈다.

○ 오후 2시에 궁내성(宮內省)에서 마차를 보내, 부사(김만식)와 종사
관(서광범)과 함께 아카사카 이궁(赤坂離宮)에 도착하여 곧 궁내성에 들
어가 하차하였다. 궁내성·외무성의 대원(大員) 20여 인이 모두 금실로
수놓은 대례복(大禮服)을 입고 이미 기다리고 있었다. 이야기를 마치고
잠시 후에 별전으로 들어가니 구부러진 행랑과 복도는 그윽하고 깊숙
했으나, 궁궐의 모습이 그리 장려하지는 않았다. 서서 조금 지나니 일
황(日皇)이 내전에서 나와 의자에 앉았다. 외무경·식부두(式部頭) 두 사
람이 앞에서 인도하여 세 사신은 차례대로 나아가 문턱에 이르러 곡배
례(曲拜禮)를 행하고 앞으로 나아가 국궁(鞠躬)[27]하였다. 일황이 일어서
서 관(冠)을 벗으니 몸가짐은 정숙(整肅, 단정하고 엄숙함)하고 중간 체구
에 눈매는 시원시원 도량이 있었다. 내가 국서를 받들어 일황에게 바치
니, 일황이 몸을 굽혀 한번 두루 읽는데 목소리가 크고 맑았다. 이에
말하길,

"귀국 대왕께서 안녕하시다니 기쁘기 그지없소. 이번에 경이 전권대
신(全權大臣)으로 우리나라에 파견되어, 그 친서를 받으니 화호가 영원
히 친밀할 것임을 믿소".【일황의 말을 외무경(外務卿)이 번역하여 보냈으므
로, 그에 따라 기록한다.】

다 듣고 난 후에 나는 송사(頌辭)를 읽고 한번 접어 조금 서 있다 물
러나와 문턱에 이르렀다. 세 사신이 또 곡배례를 행하고 복도에 서서
기다리고 있으니, 외무경이 다시 공소(公所)에 나와서 운미(민영익)와
고우(김옥균)를 불러들이면서 나로 하여금 그들을 인도하게 하였다. 두
사람이 나아가서 곡배례를 행하고 추창해서 앞으로 나아가니 일황이

---

**27** 국궁(鞠躬) : 존경하는 마음으로 윗사람이나 영위(靈位) 앞에서 몸을 굽힘.

운미를 향하여 말하기를,

"국사로 고생이 많았을 텐데 지금은 편안하게 되었으니 다행이오."

하니 운미가 대답하기를,

"각별히 초대하시고 이같이 위문해 주시니 황공하고 또 황공합니다."

하였다. 다음으로 고우를 향하여 말하기를,

"경은 봄 사이에 바다를 건너왔었으니 또한 한번 만났다 할 수 있는데, 지난번 귀국의 변란을 듣고 얼마나 놀라고 걱정했소? 즉시 정돈되어 무사히 바다를 건너와 매우 다행스럽소."

하니, 고우가 대답하기를,

"이와 같이 위로하고 염려해 주니 황송함을 이길 수가 없습니다."

하였다. 조금 서 있다가 문턱에 물러나와 곡배를 하고 나왔다. 궁내성(宮內省)에 이르러 차(茶)를 나누고 인사하고 관사로 돌아왔다.

○ 오후에 후시미 친왕(伏見親王)[28]을 방문했으나 만나지 못하였다. 태정대신(太政大臣) 산조 사네토미(三條實美)[29]는 집에 있어서 접견하였다. 우대신(右大臣) 이와쿠라 도모미(岩倉具視)[30]는 병으로 보지 못하고, 외무경 이노우에 가오루는 관저(官邸)에 있어서 만나 이야기했다.

---

**28** 후시미 친왕(伏見親王) : 1858~1923. 후시미노미야 사다나루 친왕(伏見宮貞愛親王). 일본의 황족, 육군 군인. 관위는 원사 육군대장 대훈위 공 2급 내대신(元帥陸軍大將大勳位功二級內大臣). 후시미노미야 구니이에 친왕(伏見宮邦家親王)의 제14번째 왕자이다.

**29** 산조 사네토미(三條實美) : 1837~1891. 일본 메이지 시대의 관료. 우대신(右大臣), 태정대신(太政大臣), 내대신(內大臣), 총리 겸임(內閣總理大臣兼任), 귀족원 의원(貴族院議員) 등을 역임한 메이지 정부의 최고 수뇌 인물 중 하나이다. 제1차 수신사의 엔료칸 향응에도 참석하였으며, 제2차 수신사 김홍집에게 시를 받기도 하였다.

**30** 이와쿠라 도모미(岩倉具視) : 1825~1883. 근대 일본의 정치가로 메이지 유신을 도왔다. 사이고 다카모리(西郷隆盛)의 정한론(征韓論)을 배제시키고, 내치(內治) 우선 정책을 수행하여 천황제 확립에 큰 역할을 하였다.

## 국서(國書)

대조선국 대왕이 대일본국 대황제께 삼가 아룁니다. 제가 하늘의 도움에 의탁하여 귀국과 수호(修好)한 이래로 기쁘고 흡족하여 틈이 없었는데, 지난번 군민(軍民)의 변란을 당하여 두 나라에 거의 말썽이 일어날 뻔하였지만 소란이 없어지고 비로소 안정되었으며 관약(款約)이 벌써 맺어졌습니다.

이에 전권대신 겸 수신사 금릉위(錦陵尉) 박영효와 전권부관 겸 수신사 부호군(副護軍) 김만식을 파견하여 오로지 귀국에 가서 화호를 거듭 닦고 우목(友睦)을 영원히 보전하도록 합니다. 제가 알기로, 박영효는 충성스러우며 마음이 곧고 단아하고 민첩하며, 김만식은 두루 통하여 숙련되고 은근하며 신중하니 반드시 능히 모두 협력하여 처리할 것입니다. 특별히 보살펴 주시고 성의를 헤아려 주시길 원합니다. 거듭 교류를 친밀하게 맺어 함께 복을 누리고자 함이 제가 크게 바라는 바입니다.

이(李)○보(寶)

## 송사(頌辭)

대조선국 특명전권대신 겸 수신사 박영효는 삼가 대일본국 대황제 폐하를 뵙고 아룁니다. 사신은 삼가 우리 대왕께서 특별히 내리신 유지(諭旨)를 받들어 황제의 복이 한없기를 삼가 대신하여 송축합니다. 이제 양국의 관약(款約)이 이미 맺어졌고, 교의(交誼)가 더욱 돈독하고 친밀하게 되었으니 대소관민(大小官民)들이 어찌 경하하고 기뻐하지 아니하겠습니까?

엎드려 생각건대 우리 대왕께서는 대일본 대황제의 융성(隆盛)한 공덕(功德)이 고금에 뛰어나고 빛나서, 안으로는 정치를 한층 새롭게 하고 밖으로는 먼 나라와의 교제를 넓히시며, 가까운 이웃에 더욱 깊은 성의가 있으심에 조금 미워하는 마음은 한꺼번에 풀어 버리신 일을 깊이 흠모하고 있습니다. 다만 원하옵건대 이제로부터 수레살과 수레가 형세를 공고하게 하듯 크고 작은 일에 서로 도와서, 양국 백성들로 하여금 만물을 화육(化育)하는 큰 은택(恩澤)을 함께 입고 옥금(玉錦)을 갖는 기쁨을 영원히 누리도록 하소서. 우러러 생각하옵건대 대일본 대황제께서는 우리 대왕의 정성스러운 뜻을 들으시면 정히 기뻐하심이 배나 더 하실 것입니다. 사신은 삼가 국서를 드리오니 친히 보아주시기를 삼가 아룁니다.

삼가 아뢸 말씀은 내일 20일 저의 집에서 만찬을 준비하고자 하오니 그날 오후 7시에 왕림하여 주시길 바랍니다. 삼가 아룁니다.

메이지 15년 10월 19일.

이노우에 가오루

박영효 각하

삼가 방금 귀하의 서신을 받아보니 기쁘기가 직접 만나는 것과 같습니다. 내일 있을 각하의 초대 자리를 감히 따르지 않겠습니까? 성대한 초청은 감히 명을 생각하지 않겠습니까. 삼가 그때에 가서 뵙겠습니다. 이만 줄이며 불선(不宣)합니다.

임오년 9월 초8일.

박영효

이노우에 가오루 각하

## 초9일

흐림. 요시아키 친왕(喜彰親王)[31]과 요시히사 친왕(能久親王)[32]·사법경 오키 다카토(大木喬任)[33]·참사원 의장(參事院議長) 야마가타 아리토모(山縣有朋)·농상무경 사이고 쓰구미치(西鄕從道)·육군경 오야마 이와오(大山巖)·문부경 후쿠오카 다카치카·공무경 사사키 다카유키(佐佐木高行)[34]·내각고문(內閣顧問) 구로다 기요타카(黑田淸隆)·원로원 의장(元老院議長) 사노 쓰네타미(佐野常民)·궁내경 도쿠다이지 사네쓰네(德大寺實則)[35]·식부두 나베시마 나오히로(鍋島直大)·경시총감(警視總監) 가바야마 스케노리(樺山資紀)[36]·도쿄부 지사(東京府知事) 요시카와 아키마사(芳川顯

---

**31** 고마쓰노미야 아키히토 친왕(小松宮彰仁親王) : 1846~1903. 일본의 황족, 육군 군인. 관위는 원사 육군대장 대훈위 공 2급(元帥陸軍大將大勳位功二級).

**32** 요시히사 친왕(能久親王) : 1847~1895. 황족. 기타시라카와노미야(北白川宮)의 제2대. 후시미노미야 구니이에 친왕(伏見宮邦家親王)의 아홉 번째 아들. 청일전쟁에서 근위사단장(近衛師團長)으로 출병. 타이완에서 병사했다.

**33** 오키 다카토(大木喬任) : 1832~1899. 메이지 시대의 관료. 사가(佐賀) 출신이며, 사가번(佐賀藩) 번사 오키 도모타카(大木知喬)의 아들이다. 사가번 개혁에 힘썼으며, 메이지 유신 이후 산요(參與), 도쿄부지사(東京府知事) 등을 거쳐 1871년 문부경이 되어서 학제(學制)를 제정하였다. 1873년 참의(參議) 겸 사법경(司法卿)이 되었으며, 1880년에는 원로원(元老院) 의장에 취임하였다. 1888년부터는 추밀고문관(樞密顧問官)을 겸임해, 추밀원(樞密院) 의장이 되었다. 제1차 야마가타 아리토모(山縣有朋) 내각에서는 사법대신(司法大臣), 제1차 마쓰카타 마사요시(松方正義) 내각에서는 문부대신(文部大臣)에 취임하였다.

**34** 사사키 다카유키(佐佐木高行) : 1830~1910. 막말에서 메이지 시대의 무사, 정치가. 작위는 후작. 메이지 유신 이후에 참의 겸 공부경(參議兼工部卿), 추밀고문관(樞密顧問官) 등을 역임하였다. 저작은 일기인 『보고비려비(保古飛呂比)』가 있다.

**35** 도쿠다이지 사네쓰네(德大寺實則) : 1840~1919. 메이지 시대의 화족(華族) 및 관료. 우대신(右大臣) 도쿠다이지 긴이토(德大寺公純)의 장남이다. 메이지 신정부의 산요(參與) 등을 맡았으며, 1871년 궁내성(宮內省)에 출사하여 메이지 천황의 측근인 시종장(侍從長)과 궁내경(宮內卿)을 겸임하였다.

**36** 가바야마 스케노리(樺山資紀) : 1837~1922. 일본의 무사(사쓰마 번사), 군인, 정치가.

正)·외무대보 요시다 기요나리(吉田淸盛)·소보 시오다 사부로를 방문했으나 모두 만나지 못하고, 대장경(大藏卿) 마쓰가타 마사요시(松方正義)와 해군경 가와무라 쓰미요시(川村純義)는 집에 있기에 만나 이야기 했다. 오시(午時, 오전 11시~오후 1시)에 하나부사 공사의 집에서 점심을 먹었는데, 그는 동인(東人)의 서화(書畫)를 많이 모아두어서 내어 보였다.

○ 술시에 부사와 삼행인(三行人)인 운미(민영익)·고우(김옥균)·남양(南陽) 윤웅렬(尹雄烈)[37]과 함께 외무경 댁으로 가서 만찬을 했다.

○ 외무성에 서신을 보냈다.

삼가 아룁니다. 본국 유학인(留學人) 김양한(金亮漢)[38]이 귀국의 조선소에 머물면서 학습하고 있는데, 지난날에 주철(鑄鐵)[39]을 배우고자 귀성의 면장(免狀)과 의뢰서를 얻어 전일에 가마이시 광산(釜石鑛山)[40]에 갔는데, 불행히도 도중에 잃어버리고는 현지에 도착하지 못하고 돌아왔습니다. 바라옵건대 귀 성의 외무경(外務卿)께서는 이러한 뜻을 모두 살펴 면장과 의뢰서를 지급해주시어 증빙으로 삼아 왕래할 수 있게 해주시면 매우 다행이겠습니다. 다만 이것만 알리오며, 겸하여 날마다

---

계급은 해군대장(海軍大將), 경시총감, 해군대신, 해군군령부장, 타이완 총독, 추밀고문관, 내무대신, 문부대신을 역임했다.

**37** 윤웅렬(尹雄烈) : 1840~1911. 조선 말기의 무신. 윤치호(尹致昊)의 아버지이다. 1910년 일본으로부터 남작의 작위를 받았다. 1880년에는 2차 수신사 김홍집의 수행원으로 일본에 갔는데, 당시 직함은 군관전중군(軍官前中軍)이었으며 도쿄에서 흥아회(興亞會)의 초대를 받아 일본의 인사들과 교유를 가졌다.

**38** 김양한(金亮漢) : 생몰년 미상. 1881년에 조사시찰단의 일원인 어윤중(魚允中)의 수행원으로 도일하였고, 일본에 계속 남아 유학한 것으로 보인다.

**39** 주철(鑄鐵) : 선철을 고철 등을 가해 용선로에서 다시 제조한 것.

**40** 가마이시 광산(釜石鑛山) : 일본 이와테현(岩手縣)의 가마이시시(釜石市)에 있는 철광석 광산.

복되심을 송축합니다.

개국 491년 9월 초7일.
대조선 특명전권대신 박영효
대일본 외무경 이노우에 가오루 각하

## 초10일

맑음. 영국 전권공사(全權公使)·미국 전권공사·이탈리아 대리공사·
독일 대리공사·프랑스 전권공사·러시아 임시대리공사를 방문했으나
만나지 못하였다.

○ 내각 고문 구로다 기요타카·대장경 마쓰가타 마사요시·원로원
의장 사노 쓰네타미·육군경 오야마 이와오·공부경 사사키 다카유키
가 모두 와서 만났다.

## 11일

맑음. 병대(兵隊) 이은석(李殷石)이 나팔(喇叭)을 졸업하고 귀국하는
편에 장계를 부쳤다.

○ 청국 공사(淸國公使) 여서창(黎庶昌)[41]·번역관 양전훈(梁殿勳)·육

---

41 여서창(黎庶昌) : 1837~1891. 청나라 귀주(貴州) 준의(遵義) 사람. 자는 순재(蒓齋)다.
늠생(廩生)에서 공생(貢生)이 되었다. 동치(同治) 초에 상서하여 시정(時政)을 논했다. 광
서(光緒) 연간에 곽숭도(郭崇燾)를 따라 영국과 프랑스에 사신을 가 대사관 참찬(參贊)을
지냈다. 관직은 천동도(川東道)까지 올랐다. 두 차례 주일본대신(駐日本大臣)으로 일본
에 있으면서 송나라와 원나라의 구적(舊籍)을 수집하여 『고일총서(古逸叢書)』를 편찬했
다. 그 밖에 『춘추좌전두주교감기(春秋左傳杜注校勘記)』와 『논어부록(論語附錄)』, 『광운
교차(廣韻校箚)』, 『졸존원총고(拙尊園叢稿)』, 『서양잡지(西洋雜志)』, 『속고문사유찬(續
古文辭類纂)』 등이 있다.

군대위 세토구치 시게오(瀨戶口重雄)·외무대서기관 이시바시 마사가타 (石橋政方)[42]·육군소장 다카시마 도모노스케(高島鞆之助)[43]가 와서 만났다.

　　장사랑(將仕郎) 권지승문원 부정자(權知承文院副正子) 수신사 종사관 (修信使從事官) 신(臣) 서광범(徐光範)

　　절충장군 행용양위 부호군(折衝將軍行龍驤衛副護軍) 겸 수신부사(兼 修信副使) 신 김만식(金晩植)

　　상보국숭록대부(上輔國崇祿大夫) 특명전권대신 겸 수신사(特命全權大 臣兼修信使) 금릉위(錦陵尉) 신 박영효(朴泳孝)

　　지난 달 22일 고베(神戶)에 있을 때 장계(狀啓)를 작성하여 부산 가는 배편에 올려 보냈거니와, 29일 술시쯤 되어서야 비로소 기선을 타고 바다에 나가 이달 초2일 신시에 요코하마에 도착하여 머물렀더니, 변리 공사 하나부사 요시모토가 영접하려고 나와 기다리고 외무대서기(外務 大書記) 다케조에 신이치로(竹添進一郎)[44]는 반접(伴接)하려고 나와 기다 렸습니다. 기차를 1시간쯤 타고 일본 도쿄에 도착하여 세이쇼지(靑松寺) 에 주접(住接)[45]하였는데, 일행의 식사는 궁내성에서 진상한다고 하므로

---

42　이시바시 마사가타(石橋政方) : 1840~1916. 막말(幕末)의 네덜란드 통사(通詞), 메이 지 정부에서는 외무성 대서기관이었다. 소설가 이시바시 시안(石橋思案)의 아버지이다. 영어 통역 및 번역으로 외교에서 활약하였다. 1862년부터 요코하마 영학교(橫浜英學校) 에서 영어를 가르쳤다.

43　다카시마 도모노스케(高島鞆之助) : 1844~1916. 육군 군인. 메이지 유신 후, 시종번장 (侍從番長), 교도단장(敎導團長)을 역임. 세이난 전쟁(西南戰爭)에서 별동 제1여단(第1旅 團) 사령장관으로 출정. 그 후 구마모토 진대(熊本鎭臺), 오사카 진대(大阪鎭臺)의 사령장 관을 역임하였다.

44　다케조에 신이치로(竹添進一郎) : 1842~1917. 1880년대의 주조선 일본공사(日本公 使)로 1882년 임오군란 이후의 청·일 관계를 정리하고 조선의 개화파를 지원하였다. 후에 김옥균, 박영효, 홍영식 등과 밀의하여 갑신정변을 일으켰으나, 다케조에 신이치로가 일 본의 군대를 인천으로 철군하여 갑신정변은 실패한다.

군이 사양할 수 없었사오며, 초5일에 비로소 외무성에 나아가 서계(書
契)를 전달하옵고, 초8일에 아카사카궁(赤坂宮)에 나아가 일본 황제를
알현하고 국서를 바쳤사옵니다. 일간 또 공무를 가지고 전보사의(塡補
事宜, 배상금의 일)를 상의하여 정하고, 비준 문서를 교환하는 일을 차례
로 거행하려고 생각하오며, 병대(兵隊) 이은석(李殷石)은 나팔을 수학하
고 그 사이 이미 졸업을 하여 그 나라의 증서를 가지고 이제 본국으로
돌아가기에 이러한 연유를 그 편을 통해 급히 아룁니다. 이러한 이유로
선계(善啓)합니다.

> 개국 491년 9월 11일 신시(申時, 오후 3시~5시).

## 12일

맑음. 태정대신 산조 사네토미·도쿄부 지사 요시카와 아키마사(芳川
顯正)[46]·참사원(參事院) 의장 야마가타 아리토모(山縣有朋)·경시총감 가
바야마 스케노리(樺山資紀)·해군경(海軍卿) 가와무라 스미요시(川村純
義)[47]·영국 공사(英國公使) 파크스(樸須. Parkes)·미국 영사관 애스틴·
이탈리아 공사·프랑스 공사들이 모두 와서 만났다.

---

**45** 주접(住接) : 잠시 몸을 의탁하여 거주함.
**46** 요시카와 아키마사(芳川顯正) : 1842~1920. 일본의 관료, 정치가. 은행제도 확립에
공헌하였다. 야마가타 아리토모(山縣有朋)에게 인정받아 정계에 진출하였다. 도쿄부지
사, 귀족원의원. 사법대신, 문부대신, 내무대신, 체신대신, 추밀원 부의장을 역임하였다.
**47** 가와무라 스미요시(川村純義) : 1836~1904. 메이지 시대의 군인. 사쓰마번(薩摩藩)
번사 가와무라 요주로(川村與十郎)의 장남으로 사이고 다카모리(西鄕隆盛)와 고종사촌
지간이다. 사이고와 함께 보신 전쟁(戊辰戰爭)에 참전하여 공을 세웠다. 1869년 도쿄로
상경하여 오쿠보 도시미치(大久保利通)에 의해 메이지 정부에 기용되었으며, 병부대승
(兵部大丞)이 되었다. 1872년 해군성이 설립되었을 때 해군소보(海軍少輔)가 되었으며,
1878년에는 해군경(海軍卿)이 되었다.

○ 병대 신봉모(申鳳模)가 수업 받는 일로 호산학교장(戶山學校長) 나가사카 쇼토쿠(長坂照德)에게 명함을 보내어 뜻을 전하였다. 또 이은석의 졸업 일로 육군 교도단장(陸軍敎導團長) 소장(少將) 오자와 다케오(少澤武雄)[48]에게 명함을 보내어 고맙다고 하였다.

○ 하나부사 공사의 청국 통역관(淸國通譯官) 양전훈(梁殿勳)이 와서 만났다.

○ 문부경 후쿠오카 다카치카의 서신에 답하였다.

○ 영국 공사의 서신이 있어 즉시 답하였다.

보내주신 편지는 잘 받았습니다. 태학생도(太學生徒)의 졸업장 수여는 매우 큰 행사입니다. 삼가 당일 가서 성대한 의식을 보겠습니다. 삼가 이와 같이 불선(不宣)합니다.

임오년 9월 12일.

대조선 특명전권대신 박영효

대일본 문부경 후쿠오카 다카치카 각하

대영국 전권공사 파크스가 삼가 대조선 특명전권공사 박영효 각하께 드립니다. 1882년 10월 24일【일요일】제 7시에 저의 집에서 만찬(晚餐)을 하오니 귀하께서 왕림하시어 자리를 빛내 주시기 바랍니다. 삼가 회신을 기다리겠습니다. 도쿄에서.

1882년 10월 24일【영문(英文)은 베끼기가 어려우므로 한문으로 번역하였

---

**48** 오자와 다케오(少澤武雄) : 1844~1926. 일본 육군의 군인. 최종 계급은 육군 중장(陸軍中將). 귀족원의원, 남작.

다. 이하 이와 같으며 빠진 것은 적지 않는다.】

바로 회답합니다. 귀한(貴翰)을 받아보니 감하(感荷)[49]가 실로 많습니다. 귀력(貴曆, 양력) 10월 24일 영광스러운 부름에 삼가 그날에 가서 뵙겠습니다. 이같이 편지를 하고 불선(不宣)합니다.

개국 491년 9월 11일.

대조선 특명전권공사 박영효

대영국 전권공사 각하

## 13일

맑음. 외무대서기관 이시바시 마사가타(石橋正方)와 육군소장 다카시마 도모노스케(高島鞆之助)를 방문하였다.

○ 사법경 오키 다카토(大木喬任)·육군소장 오자와 다케오(少澤武雄)·보병 중위 고즈키 히데미(上月秀實)가 모두 와서 만났다.

○ 술시에 영국 공사관 만찬에 갔다.

○ 전보(塡補)의 일로 외무성에 조회하였다.

○ 외무경과 그 부인(夫人)이 서신을 보냈다.

대조선 특명전권공사 박영효가 조회합니다. 본 대신은 전보사의(顚補事宜)에 대해 살펴보도록 조회를 받았습니다. 며칠 안에 의논하여 정하는 것이 이치에 맞습니다. 다만 본국의 사정을 생각하면 5년으로 배정하는 건 급박하다는 염려가 없지 않습니다. 원래 정한 기한에다가

---

**49** 감하(感荷) : 받은 은혜를 깊이 마음에 느낌.

다시 5년을 늦추어서 10개년으로 상환을 완결하도록 해주시면 우리에게 있어서도 힘을 펼 방도가 있을 것이고, 귀국도 타의(妥議)[50]의 호의를 잃지 않을 것입니다. 이에 조회하오니, 바라건대 귀 외무성의 외무경께서는 이런 뜻을 잘 살펴서 조회에 회답해주십시오. 조회(照會)가 잘 도착하기를 바람.

이상 대일본 외무경 이노우에 가오루 각하에게 조회합니다.

개국 491년 9월 13일.


삼가 아뢸 말씀은 오는 30일 관사(官舍)에서 만찬을 베풀고자 하오니, 오후 제7시에 왕림하여 주시길 바랍니다. 삼가 아룁니다.

10월 24일.

이노우에 가오루

그의 처(妻)

박영효 각하


## 14일

흐림. 육군대위 미즈노 가쓰요시(水野勝義)가 와서 만났다.

○ 청국 공사 여서창이 서신을 보냈다.

○ 청국 공사의 서신에 답하였다.

삼가 문의합니다. 9월 21일 유시 정각(오후 5시), 즉 서력(西曆) 11월 초1일 오후 6시 본서(本署)에서 만찬이 있으니 단지 대감께서 왕림해주시기를 기다리겠습니다. 말씀 주시기 바랍니다.

---

50 타의(妥議) : 서로 타협적으로 의논함.

광서 8년 9월 14일.

여서창 삼가 올림

조선국 특명전권대신 박영효 각하

삼가 회답합니다. 방금 존함(尊函)을 받았습니다. 삼가 영광스러운
부르심을 받았으니 감히 명령에 따르지 않겠습니까. 다만 그날에 귀서
(貴署)에 속히 달려가 가르침을 청하겠습니다. 대강 이에 그치고 불선
합니다.

임오년 9월 14일.

박영효 삼가 답함

대청국 전권공사 여서창 각하


**15일**

맑음. 외무경의 서신에 답하였다.

○ 사진국에 가서 사진을 찍었다.

○ 외무경이 조회를 회답하여 왔다.

○ 외무경이 서신을 보내왔다. 일황의 천장절(天長節)이기에 초청한
것이다.

삼가 회답합니다. 즉시 귀하의 편지를 받았습니다. 영광스러운 부름
을 받으니 감격하고 송구하기 그지없습니다. 정한 시기에 달려가 뵙겠
습니다. 삼가 이에 불구(不具)[51]합니다.

임오년 9월 15일.

---

**51** 불구(不具) : 한문 투의 편지 끝에 불비(不備)의 뜻보다 조금 낮게 쓰는 말.

박영효

이노우에 가오루 각하

귀 부인 백조(白照)


　　서간으로 삼가 드릴 말씀은, 배상금 한 조는 각하께서 며칠 내에 상정[商定]하셔야 할 것인데, 귀국의 사정으로는 5년의 기한은 급박하게 생각되기에 최초의 약정 기한에 5년을 더 연장하여 10년으로 하여 배상을 완료하도록 하면 그대에게는 서력(紆力)의 방법이 서고, 우리에게는 타의(妥議)하는 호의를 이룰 것이라고 하신 개국 471년 9월 3일자 귀하의 서간을 조회하여 알아보았습니다. 위 기간의 건은 이미 양국 변리대신(辦理大臣)의 의정을 거친 것으로 그대로 따라서 처리해야 할 것이지만, 우리 정부는 귀국 사정을 깊이 살펴 각하가 청구하신 연기의 건을 받아들여 절실한 관심과 깊이 헤아리는 성의를 표시합니다. 이상의 배상 완료에 대한 방법은 계속 각하와 상의드릴 것입니다. 이렇게 회답하여 알립니다. 삼가 아룁니다.

메이지 15년 10월 25일.

외무경 이노우에 가오루

대조선 특명전권공사 박영효 각하


　　(역한문 번역 생략)


　　서간으로 드릴 말씀은, 오는 11월 3일이 우리 황제 폐하의 탄신일(誕辰日)이므로 가스미가세키(霞ヶ關) 관사에서 축연을 마련하오니, 그날 오후 제6시 왕림하여 주시기 바랍니다. 이에 알려드립니다. 삼가 그침니다.

메이지 15년 10월 26일.

외무경 이노우에 가오루

대조선 특명전권공사 박영효 각하

추기(追記) : 대례복(大禮服)을 착용해 주시길 바랍니다.

## 16일

흐림. 부사 김만식과 종사관 서광범과 함께 외무성에 가서 이노우에 가오루와 다케조에 신이치로를 만나, 배상금 지불의 건을 처리하였다.

○ 외무경의 일황 천장절(天長節) 초청 서신에 답하였다.

○ 오시(午時, 오전 11시~오후 1시)에 요코하마로 나가 벨기에[白耳義]·네덜란드[荷蘭]·스페인[西班牙] 3국의 공사를 만났다. 외무성에서 영어 통역관 요시다 요사쿠(吉田要作)[52]를 보내어 그와 함께 돌아오는 길에 가나가와 현령(神奈川縣令)을 만나고, 오후 7시에 사서(使署, 사신의 거처)로 돌아왔다.

○ 미국 공사의 서신이 있어 21일 오후 7시에 만나기로 약속했다.

## 배상금 지불의 일

배상금[塡補金] 50만 원(圓)은 10개년으로 상환 기간을 정하고, 조선

---

52 요시다 요사쿠(吉田要作) : 1851~1927. 에도(江戶) 출신. 1867년 프랑스에 유학. 1872년 빈만국박람회 사무관으로 출장하여 그대로 유럽에 체재, 외무성 서기관으로 이탈리아에 부임하였다. 1879년 귀국하여 외무성 반역국(反譯局)에서 근무하고 1882년 네덜란드 공사관에 부임하였으며 15년에 귀국. 1885년에는 한성 공사관에 부임하고 1886년 귀국하였다.

은 장차 경상도가 매년 걷는 여러 세금 중에서 순금은(純金銀)으로 바꾸어 일본의 은화폐(銀貨幣) 혹은 금화폐(金貨幣)의 양목(量目)에 비추어 매년 5만 원을 지불하는데, 두 차례로 나누어【조선력 5월 11일, 일본력(日本曆) (원문 누락)】조선 원산항(元山港)에 재류(在留)하는 일본 영사관으로 수송하고 입회하여 분석한다.【혹은 오사카부(大阪府)의 조폐국(造幣局)으로 수송하는데, 입회 분석은 또한 시의(時宜)에 맡긴다.】그 질을 검사하여 순도의 경중에 착오가 없도록 한다.

일본 은화폐 1원(圓)의 무게는 7전(錢) 1푼(分) 7리(厘) 6호(毫) 이내이다.【은(銀)은 6전 4푼 5리 8모(毛) 4사(糸), 동(銅)은 7푼 1리 7호 6사, ○ 합계 2만 5천 환(圜)의 무게는 1만 7천 9백 40냥(兩) 이내로, 은(銀)은 1만 6천 1백 46냥이고, 동(銅) 1천 7백 94냥이다. ○ 합계 5만 환(圜)의 무게는 3만 5천 8백 80냥 내에 은(銀)이 3만 2천 2백 92냥이고, 동(銅)이 3천 5백 88냥이다.】

일본 은화폐(銀貨幣) 1원의 무게 4푼 4리 3호 6사 7홀(忽) 이내이다.【금(金)이 3푼 9리 9호 3사 3미(微), 동(銅)이 4리 4모 3사 6홀 7미(微)이다. ○ 합계 2만 5천 환(圜)의 무게는 2천 2백 18냥 3전 5푼 내에 금(金)이 1천 9백 96냥 5전 1분 5리요, 동(銅)이 2백 21냥 8전 3분 5리이다.】

이상 일본 도쿄에서 증명하여 정하였다.

대조선 개국 491년 9월 16일.
특명전권공사 박영효 (인)
특명전권부사 김만식 (인)
대일본 메이지 15년 10월 27일.
외무경 이노우에 가오루 (인)

【위의 2건(件) 중, 1건은 조선력·조선기원·조선대부관인(朝鮮大副官印)을 먼저 써서 조선의 건(件)으로 작성하고, 1건은 일본력(日本曆)·일본기원·일본

관인(日本官印)을 먼저 써서 일본의 건으로 작성한다. 각각 날인하여 교부한다.】

삼가 회답합니다. 삼가 귀 서신을 받고 천추절(千秋節, 천장절(天長節))에 이른 것을 알았습니다. 우러러 강릉(岡陵)[53]과 같으심을 간절히 송축하오며 축연(祝宴)에 참여하게 되어 영광입니다. 삼가 그때에 맞추어 달려가 뵙겠습니다. 이만 그칩니다.

임오년 9월 16일.

박영효

대일본 외무경 이노우에 가오루 각하

### 17일

흐림. 오후 6시, 문부성에 가서 대학교 생도의 졸업 연회를 보았다.

○ 미국 공사 【22일 오후 7시에 초청】 서신에 회답하였다.

○ 네덜란드 변리공사가 와서 만났다.

### 18일

비. 우대신 이와쿠라 도모미가 와서 만났다.

### 19일

맑음. 궁내경 도쿠다이지 사네쓰네가 와서 만났다.

○ 외무경(外務卿)이 조회에 답해 왔다.

---

**53** 강릉(岡陵) :『시경(詩經)』천보장(天保章)의 "천보정이(天保定爾) 여강여릉(如岡如陵)"에서 따온 말로서, 국운이 산과 언덕처럼 장구하기를 축원하는 말.

○ 영국 공사가 서기관을 보내어, 내일 아침에 함께 요코하마에 가서 경마[馬戲]를 보기로 약속하였다.

○ 술시에 외무경의 관저에 가서 만찬을 하였다.

서한으로 삼가 아뢸 말씀은, 귀국의 유학인(遊學人) 김양한(金亮漢)이 가마이시 광산(釜石鑛山)에 여행하기에 면장(免狀)과 그곳 광산국(鑛山局)에 부치는 서신을 그 사람에게 교부해 두었는데 이 면장을 유실하여 다시 교부하는 건은 잘 알았습니다. 별지로 면장 1장과 서신 1봉(封)을 함께 보내오니, 살펴 받아주시기 바랍니다. 이에 알려드립니다. 삼가 그칩니다.

메이지 15년 10월 27일.

외무경(外務卿) 이노우에 가오루

대조선 특명전권공사 박영효 각하

(역한문 번역 생략)

## 20일

맑음. 사시(巳時, 오전 9시~11시)에 기차를 타고 요코하마로 나가서 경마장에 이르렀다. 일본 조정의 군신과 각국 공사들이 모두 가족을 데리고 와서 모였다. 일황은 불러보고 안부를 물었다. 신사, 숙녀, 구경꾼들이 담을 두른 듯하였다. 나무 울타리를 빙 둘러 세웠는데 5리쯤 되었다. 말 잘 타는 사람을 뽑아서 쌍쌍이 목책 안에서 달리도록 하는데, 말은 모두 대원(大宛)[54]의 종자이다. 구름을 향하여 울고 공중에 나는 기세가

---

**54** 대원(大宛) : 중국 한나라·위나라 때에 중앙아시아의 동부, 페르가나 지방에 있던 나

있으며, 달리는 것이 유성(流星)처럼 빠른데, 먼저 끝 지점에 이르는 자를 상(賞)을 주고 장려하니 꽤 볼만하였다. 윤웅렬(尹雄烈)도 말을 빨리 몰았으나 안구(鞍具)에 익숙하지 못하여 결국 영웅(英雄)이 낙마하여 두 다리가 하늘을 쳐다보게 되었으니 보는 사람들이 모두 크게 웃었다. 유시(酉時, 오후 5시~7시)에 기차를 타고 사신의 숙소로 돌아왔다.

○ 외무경과 그 부인이 일행에게 서신을 보내왔다. 일황의 천장절이기에 관저에서 연회를 개최한다고 한다.


오는 11월 3일 천장절에 가스미가세키(霞ヶ關) 외무경 관저에서 야회를 개최하오니, 오후 9시부터 와 주시기를 희망합니다.

단, 복장은 소례복(小禮服)입니다.

메이지 15년 10월 30일.<br>이노우에 가오루<br>그의 처<br>대조선 특명전권공사 박영효 각하

## 21일

맑음. 사시에 외무성에서 비준 문서를 서로 교환하기로 약속하였다. 삼사신과 더불어 외무성에 가니, 외무경과 대보·대서기관이 객청(客廳)에서 인접(引接)하였다. 이야기를 마치고 내가 전권자거(全權字據, 전권 위임 신임장)를 외무경에게 보이니 외무경이 받아 읽었다. 이를 마치자 다음으로 비준 책자를 받들어 외무경에게 주니, 외무경이 대조를

---

라. 특산물로 포도, 말 따위가 있었다.

마치고 말하기를,

"비준 문서는 친히 임금께서 이름을 쓰는 것이 만국의 통례지만 일찍이 강화(江華)에서 조약을 교환할 때, 귀국이 상례에 익숙하지 못하여 구습(舊習)을 따라 행하였는데, 이제 또 다만 '대조선국대왕'이라 기재하였으니 후세에 어떻게 증거를 하겠습니까. 또 임금의 이름을 기재한 좌폭에는 칙명(勅命)을 받은 아무개 신하의 직명을 나란히 써야 하는데도, 이것도 또한 빠뜨렸습니다. 청컨대 지금부터는 이를 준행(遵行)하시기 바랍니다."

하므로 나는 말하기를,

"지금 여러 가지 가르침을 받으니 진실로 그러합니다. 마땅히 돌아가 주상께 아뢰어 준행하겠습니다."

하였다. 외무경과 대보가 일본의 비준 책자를 가져와서 서로 교환하여 대조·열람하고 인을 찍었다. 외무경이 말하기를,

"오늘 비준 문서를 교환하여 양국의 화의가 심히 틈이 없게 되었으니, 이는 다만 두 나라 정부의 뜻일 뿐입니다. 만약 민심이 두 갈래에 이르러 매번 소란을 일으킨다면 일은 끝이 없을 것이니, 다만 원컨대 귀 정부는 민정(民情)을 주무(綢繆)[55]하여 다시 화의(和議)를 잃지 않으시길 바랍니다."

하므로, 내가 말하기를,

"우리나라의 민정(民情)이 어리석고 완고하여 변화시키기 어렵습니다. 종전에도 어찌 알아듣게 타이르지 않았겠습니까만, 마침내 전일의 일(임오군란)에 이르게 되었으니 무슨 말을 다시 하겠습니까? 지금부터

---

55 주무(綢繆) : 미리 빈틈없이 자세하게 준비함.

민풍(民風)이 점차 개화되고 이웃 간의 정의(情誼)가 더욱 친밀하게 된다면, 참으로 동양의 복이겠습니다. 우리 정부 또한 이를 축하하고 있습니다."

하였다. 내가 외무경에게 말하기를,

"우리나라 송도(松島)[56]의 재목(材木)은 벌채를 금하여 지키고 보호해 온지가 수백 년이나 되었는데, 귀국의 인민들이 몰래 와서 베어가기에 조정에서 관원을 보내어 순찰·검사했습니다. 인접한 경계를 규찰하는 방도가 있어야 합니다. 만약 그치고 금지하지 않는다면 사단(事端)을 일으킬까 염려되니, 몰래 벌채하는 것을 엄금하도록 청합니다."

하니 외무경이 말하기를,

"이 일로 일찍이 귀 조정(朝廷)에서 통보하였기에 이미 금령을 엄하게 내렸지만, 만약 또 전과 같이 몰래 벌채한다면 귀국에서 마땅히 가까운 항구의 일본 영사관으로 잡아 보내어 징치(懲治)하는 법을 삼을 것이니 잘 될 것입니다." 하였다. 내가 말하기를,

"우리나라가 장차 이 섬을 개간하려고 백성을 모집하고 있으니 몰래 재목을 베어가는 안건은 가르침대로 마땅히 처리하겠습니다."

하였다. 차를 마시고 숙소에 돌아왔다.

○ 저녁에 청국 공사 여순재(黎純齋, 순재는 여서창의 호)를 만나 만찬을 하였다. 비를 맞으며 고우(김옥균)가 묵고 있는 여관을 방문하여 유숙하였다.

---

**56** 송도(松島) : 부산시 송도구.

## 조선 비준 문서(批准文書)

임오년 8월 초7일, 전권대신 이유원(李裕元)[57]·전권부관 김굉집(金宏集)[58]의 주본(奏本)에 의거하여 7월 17일【신(臣)】유원·【신(臣)】굉집이 대일본 변리공사 하나부사 요시모토와 더불어 인천부 제물포에서 회동하여 교환한 속약(續約) 2관(款)은 이미 내가 비준하였으니, 영구히 시행하여 더욱 친호(親好)를 돈독히 하라. 그 2관(款)에 대한 사건은 무릇 그대 관민들이 이 뜻을 잘 받들어 전부 그대로 처리하도록 하라.

대조선대왕 어보(御寶)

일본국과 조선국은 이후 더욱 친호(親好)를 표시하고 무역을 편리하게 하기 위하여, 이에 정정(訂定)한 속약 2관은 아래와 같다.

---

**57** 이유원(李裕元) : 1814~1888. 본관 경주(慶州). 자 경춘(景春). 호 귤산(橘山)·묵농(墨農). 시호 충문(忠文). 1841년(헌종 7) 정시문과에 병과로 급제, 1845년 동지사(冬至使) 서장관(書狀官)으로 청나라에 다녀온 후 의주부윤(義州府尹)·함경도관찰사를 역임하고 좌의정에 이르렀으며, 1873년 흥선대원군이 실각하자 영의정에 올랐다. 1875년 주청사(奏請使)로 청나라에 다녀온 후 인천의 개항을 주장하였으나 수구파의 공격을 받고 중추부영사로 물러앉아 1880년 치사(致仕)하고 봉조하(奉朝賀)가 되었다. 1882년 전권대신(全權大臣)으로 하나부사 요시모토(花房義質)와 제물포조약에 조인하였다. 저서에『귤산문고』, 『가오고략(嘉梧藁略)』,『임하필기(林下筆記)』등이 있다.

**58** 김홍집(金弘集) : 1842~1896. 본관은 경주(慶州). 1867년 경과정시(慶科庭試) 문과에 급제하였으나 이듬해 상을 당하여 관직에서 물러났다. 1873년 복직하여 권지승문원부정(權知承文院副正)에 임명되고, 승문박사(承文博士)를 겸직하였다. 그 이후로 외직과 내직을 두루 거쳤고, 1880년 제2차 수신사로 임명되어 일본에 다녀왔다. 1882년에 미국과, 1883년에는 영국·독일과 수호통상조약 시, 조약 체결을 담당한 전권대신들의 부관으로 임명되어 협상의 실무를 맡았다. 1883년 8월 규장각 직제학을 거쳐 1884년 초 지춘추관사(知春秋館事)를 역임한 다음, 9월에 예조판서와 독판교섭통상사무(督辦交涉通商事務)를 겸임함으로써 대외 교섭의 최고 책임자가 되었다.

제1관(款)

원산·부산·인천의 각 항 사이의 이정을 지금부터 확장하여 사방을 각 50리【조선 이법(里法)에 따름】로 정하고, 2년 후를 기하여【조약을 비준한 날로부터 기산(起算)하여 1주년을 1년으로 함.】 다시 각 100리로 할 것.

지금부터 1년 후에는 양화진(楊花鎭)을 개시장(開市場)으로 삼을 것.

제2관

일본국의 공사·영사와 그 수행원 및 가족의 조선 내지 여행을 허용하며, 예조에서 여행지를 지정하여 증서를 주고 지방관은 그것을 대조하고 호송한다.

이상 두 나라의 전권대신은 각각 유지(諭旨)에 의거하여 조약을 정하고 인을 찍고는 다시 비준을 청하여 2개월 이내에【조선은 개국 491년 9월이고 일본은 메이지 15년 10월임.】 일본 도쿄에서 교환하기로 함.

대일본 메이지 15년 8월 30일.

대조선 개국 491년 7월 17일.

일본국 변리공사 하나부사 요시모토 (인)

조선국 전권대신 이유원(李裕元) (인)

조선국 전권부관 김굉집(金宏集) (인)

## 일본 비준 문서

일본국과 조선국은 이후로 더욱 친호를 표시하고 무역을 편리하게 하기 위하여 이에 관(款)을 정정하기를 아래와 같이 한다.

제1관(款)

원산·부산·인천의 각 항 사이의 이정을 지금부터 확장하여 사방을 각 50리【조선 이법(里法)에 따름】로 정하고, 2년 후를 기하여【조약을 비준한 날로부터 기산(起算)하여 1주년을 1년으로 함.】 다시 각 100리로 할 것.

지금부터 1년 후에는 양화진(楊花鎭)을 개시장(開市場)으로 삼을 것.

제2관

일본국의 공사·영사와 그 수행원 및 가족의 조선 내지 여행을 허용하며, 예조에서 여행지를 지정하여 증서를 주고 지방관은 그것을 대조하고 호송한다.

이상 두 나라의 전권대신은 각각 유지(諭旨)에 의거하여 조약을 정하고 인을 찍고는 다시 비준을 청하여 2개월 이내에【일본은 메이지 15년 10월이고 조선은 개국 491년 9월임.】 일본 도쿄에서 교환하기로 함.

대일본 메이지 15년 8월 30일.

대조선 개국 491년 7월 17일.

일본국 변리공사 하나부사 요시모토 (인)

조선국 전권대신 이유원 (인)

조선국 전권부관 김굉집 (인)

(역한문 번역 생략)

하늘의 도움을 보유(保有)하여 만세 일계(萬世一系)의 제위(帝位)를 밟으신 대일본국 황제는 이 문서를 유중(有衆, 민중)에게 선시(宣示)한다. 대일본국 변리공사 하나부사 요시모토와 대조선국 전권대신 이유원·전권부관 김굉집으로 두 나라의 전권위원으로 삼아, 메이지 15년 8월 30일 조선국 제물포에서 대일본국과 대조선국 사이에 체결한 수호조규(修好條規) 속약서(續約書)를 짐(朕)이 친히 열람하니 능히 짐의 뜻에 맞아 다시 보충할 것이 없는 고로, 대게 그 약서 조관(約書條款)에 있는 취지를 짐은 이에 가납(嘉納)하여 비준한다.

진무 천황(神武天皇)[59] 즉위 기원 2542년

메이지 15년 10월 30일 도쿄의 궁중에서 친히 이름을 쓰고, 옥새(玉璽)를 찍음.

무쓰히토(睦仁)

봉칙(奉勅) 외무경 정4위 훈1등 이노우에 가오루

(역한문 번역 생략)

대조선 전권대신 이유원·부대신 김굉집이 대일본국 변리대신 하나부사 요시모토와 대조선 개국 491년 7월 17일【메이지 15년 8월 30일】에 인천부 제물포에서 상정(商定)한 추가 조약을, 지금 두 나라의 비준을 거쳐 대조선국 특명전권공사 겸 수신사 박영효와 부대신 김만식, 대일본 외무경 이노우에 가오루가 도쿄에서 서로 조사하여 대조하고 이를 교환하여 각기 이름을 기록하고 인을 찍어 증거로 삼음.

대조선 개국 491년 9월 20일.

대일본 메이지 15년 10월 31일.

---

**59** 진무 천황(神武天皇) : 일본 개국신화의 주인공으로서 현 천황 가문의 조상으로 여겨지는 제1대 천황이다. 역사적으로는 생몰연도를 확인할 수 없어 그 실존 여부는 불분명하다.

대조선국 특명전권대신 겸 수신사 박영효 (인)

대조선국 부대신 김만식 (인)

대일본국 외무경 이노우에 가오루 (인)

(일역문 번역 생략)

## 22일

맑음. 궁내경이 서신을 보냈다.

○ 식부두 나베시마 나오히로와 하나부사 공사가 와서 만났다.

○ 궁내경 서신에 답하였다.

○ 생도의 일로 외무성에 조회하였다.

○ 외무성 서신에 답하였다.

○ 도서관, 여자사범학교, 박물관, 쇼헤이칸(昌平館), 동물원에 가서 구경하고 돌아왔다.

○ 저녁에 미국 공사를 만나 만찬을 하였다.

○ 벨기에 공사와 외무대보 요시다 기요나리가 와서 만났다.

○ 궁내경이 서신을 보내왔다.

서간으로 드릴 말씀은, 이달 3일 천장절에 히비야(日比谷) 연병장(練兵場)에서 관병식(觀兵式)을 거행하고, 우리 황제 폐하께서 임행하시오니, 각하께서 종사관을 동반하여 와 주시면 감사하겠습니다. 삼가 그칩니다.[敬具]

메이지 15년 11월 3일.

궁내경 도쿠다이지 사네쓰네

조선국 박영효 각하

덧붙여서 그날 오전 8시 40분까지 그 곳에 도착하시고, 대례복을 착용해주십시오. 또 그날이 우천(雨天)일 때는, 이슬비라도 해당 의식은 거행되지 않습니다. 이에 덧붙여 말씀드립니다.

궁내경 도쿠다이지 사네쓰네는 이에 황상의 뜻을 받들어 조선국 정사 박영효 각하를 이번 달 3일 오전 제10시 40분 궁중에서 천장절의 축하연에 초청한다.

메이지 15년 11월 2일.

대례복 착용

삼가 회답합니다. 보내신 서신을 받아 읽고 삼가 천장성절(天長聖節)이 다만 하루 남았음을 알았습니다. 경하의 정성이 얼마나 다하였습니까. 또 삼가 귀국 황상께서 관병식에 특별히 초청하시는 뜻을 받드니 더욱 간절히 영광스럽게 생각합니다. 삼가 그때에 맞춰 히비야 연병장으로 달려가 성대한 의식을 참관하겠습니다. 이에 삼가 아룁니다.

개국 491년 9월 22일.

특명전권대신 박영효

일본국 궁내경 도쿠다이지 사네쓰네 각하

다시 아룁니다. 귀력(貴曆, 양력)으로 이번 달 3일 오전 10시 40분에 삼가 대례복을 갖추고 궁중에 나아가 천장성절을 축하드리겠습니다. 이것으로 삼가 회답합니다.

개국 491년 9월 22일.

삼가 아룁니다. 본 대신이 데리고 온 본국 생도 4인이 있어 장차 각각 한 가지 기술을 가르치고자 하오니, 번거롭지만 귀 성의 경(卿)께서 학업의 방법을 지도해 주시기를 청합니다. 그리고 해당 생도의 성명과 연령과 배우고자하는 기술을 이하에 기록하였으니 귀 성의 경께서 각 성에 조회하고 알리셔서 이들 각자로 하여금 취업하도록 해주시길 천만번 바랍니다. 그 월료(月料, 월 수업료) 금액은 마땅히 할당할 것입니다. 아울러 잘 살펴주시길 바라며, 날마다 복되심을 송축합니다.

개국 491년 9월 22일.

특명전권대신 박영효

일본 외무경 이노우에 가오루 각하

이하

윤치호(尹致昊), 18세, 어학교.

박유굉(朴裕宏), 16세, 육군사관학교.

박명화(朴命和), 12세, 영어학교.

김화원(金華元), 18세, 제피소(製皮所).

삼가 답합니다. 방금 귀 서신을 받들고 양력 11월 3일 천장절에 영광스러운 부름을 받았으니 매우 감사합니다. 삼가 그 시간에 관저에 달려가겠습니다. 이에 아뢰고 불선(不宣)합니다.

임오년 9월 22일.

박영효

일본 외무경 이노우에 가오루 각하

귀 부인 백조(白照)

궁내경은 황제·황후 양 폐하의 명에 의해 박영효 각하께서 11월 8일 오후 2시 아카사카(赤坂) 임시 황궁 어원(御苑)의 관국회(觀菊會)에 와 주시길 바랍니다. 당일이 우천일 경우에는 이를 중지함.【당일은 아카사카 임시 황궁의 정문으로 들어가 마차 대기소[御車寄]에서 하차하며, 물러갈 때에도 마차 대기소에서 승차하여 정문으로 나갈 것.】

### 23일

맑음. 오전 8시 부사와 함께 세 사람이 연병장에 갔더니, 일본 조정 여러 관원의 대대(大隊)와 각국 공사들이 모두 와서 모였다. 잠시 후에 축포 10여 발을 쏘자 일황이 마차를 타고 어악(御幄)[60]에 이르렀는데, 호종(扈從, 임금을 따르는 자)은 불과 30~40기병(騎兵)이었고 궁내경 도쿠다이지 사네쓰네(德大寺實則)가 임금을 모시고 마차에 탔다. 여러 관원들이 모두 모자를 벗고 예를 올렸다. 장내 사방을 둘러보니 마대(馬隊)와 보병(步隊)이 나뉘어 숲속 나무처럼 열을 지어 서니 마치 심어놓은 것처럼 조금도 동요하지 않았다. 잠시 후에 일황과 각국 공사가 말에 올라 스스로 말을 몰았더니 악대 수백 부대가 일제히 군악을 연주하면서 앞을 인도하였고, 장내를 빙 둘러 가서 연병식을 관람하였다. 그 위의(威儀)가 심히 엄숙하였다.

조금 지나니 일황이 궁으로 돌아갔고 각국 공사도 일제히 궁내성으로 나아갔다. 나와 부사도 함께 연회에 초대되어 기다리고 있었다. 잠시 후 모두 어소(御所, 임금이 거처하는 곳)로 나오도록 명하기에 갔더니, 일황은 주벽(主壁)[61]에, 후시미 친왕(伏見親王)은 서벽(西壁)의 수반(首

---

60 어악(御幄) : 임금이 임시로 머무르는 곳에 치는 휘장.
61 주벽(主壁) : 사람을 양쪽에 앉히고 가운데 앉는 주가 되는 자리. 또는 그 자리에 앉은

班)에 앉았으며, 외무경과 영국 공사·미국 공사·벨기에 공사·청국 공사·프랑스 공사·조선 공사가 전권공사(全權公使)로서 순서대로 앉고, 네덜란드 공사·조선 부사가 변리공사로서 차례대로 자리에 앉고, 스페인공사·이탈리아 공사·러시아 공사·독일 공사가 대리공사(代理公使)로서 차례로 자리에 앉고, 후벽·동벽·서벽에는 칙임관(勅任官)이 차례로 앉았다. 각각에게 술과 음식을 내려주었다. 연회가 끝나자 정중히 감사 인사를 하고 물러나왔다.

○ 오후 6시 외무경의 관저에 가니 불꽃놀이[火戱]를 크게 벌였는데. 기교함이 형용하기 어려웠다. 여러 나라 공사와 일본 조정의 관리들이 모두 가족을 데리고 와 모였고, 주인인 이노우에 가오루와 그 부인, 영애(令愛)는 문에서 기다리며 손님을 맞았는데, 모두 양장(洋裝)이었다. 잠시 후에 악대가 북과 피리를 연주하였고, 각국의 깃발을 정당(正堂)에 걸었다. 여러 공사들이 아내와 딸의 손을 바꿔 이끌며 둥글게 돌면서 천진난만하게 춤을 추었는데, 이는 일황의 천장절을 축하하기 때문이었다. 춤이 끝나자 악대도 물러갔다. 서서 먹는 자리를 마련하여 내빈객 5~6백 인이 식탁에 둘러서서 취하고 배가 불렀다. 대게 서양(西洋)의 연회법(宴會法)을 모방한 것이었다. 수행원(隨行員)도 또한 모두 왔는데, 밤이 깊어서야 헤어졌다.

### 24일

비. 궁내경 어원관국(御苑觀菊)의 서신에 회답하였다.

삼가 회답합니다. 어제 서신을 받고 삼가 귀국(貴國) 황상(皇上)·황

---

사람.

후(皇后) 두 분 폐하께서 특별히 어원(御苑)의 관국(觀菊)에 부르시는 뜻
을 엎드려 받으니, 교집(交集)하는 정성에 감격하고 황송함을 이길 수
가 없습니다. 삼가 그 시각에 달려가겠습니다. 이만 그칩니다.

임오년 9월 24일.

박영효

일본 국내경 도쿠다이지 사네쓰네 각하

### 25일

맑음. 이날은 곧 우리 왕비의 탄신일이다. 사신 숙소의 정당(正堂)에
서 허위배설(虛位排設)[62]하고 깨끗한 향(香)을 꽂아 놓고 망하례(望賀
禮)[63]를 행하였다. 본국에서 온 사람이 모두 40명이 되는데 모두 나와서
참례하니, 삼가 기쁨과 슬픔이 교차함을 이길 수가 없었다.

○ 오시에 요리를 세이요켄(精養軒)[64]에 마련하여 함께 있는 사람들과
술잔을 들고 축하하기를,

"오늘은 곧 우리 곤전(坤殿, 왕비)의 천추절(千秋節)이오. 왕비께서는
파천(播遷)[65]하셨다가 다행히 다시 난리가 다스려져 비위(妃位)를 회복
하셨고, 이웃 나라와의 화호(和好)를 잃었다가 즉시 강화하여 화호를

---

**62** 허위배설(虛位排設) : 신위(神位) 없이 제사를 베풂.
**63** 망하례(望賀禮) : 조선시대 나라의 경사스러운 날에 원이 궐패에 절하던 예식.
**64** 세이요켄(精養軒) : 도쿄(東京) 우에노 공원(上野公園) 안에 위치한 서양 요리점. 메이
지 시대에는 일본 국내뿐 아니라 외국의 왕족, 귀족들과 유명 인사들이 애용하는 음식점
이었다고 한다. 산조 사네토미와 이와쿠라 도모미의 도움으로 1872년 설립된 "서양관 호
텔(西洋館ホテル)"이 그 시작이다. 이조연, 윤웅렬, 강위 등의 제2차 수신사 일행이 이곳
에서 홍아회 초대의 친목회에 참석하기도 했다.
**65** 왕비께서 파천(播遷) : 임오군란 때 충주로 피신했던 일을 말함.

계속하기로 약속하게 되었소. 신들이 외국에 있어 망배(望拜)하고 있으
니 어찌 경모(景慕)하는 정성을 이길 수 있겠소. 오직 여러분들이 취하고
배부르게 먹고 춤을 추면서 오늘의 경사를 이어나가길 바랄 뿐이오."
하니 여러 사람들이 모두 일어나서 공손히 감사 인사하며 말하길,
  "감히 명령대로 하지 않겠습니까."
하였다. 저녁이 되자 모두 술에 취하여 즐거워하다가 흩어졌다.


### 26일

  맑음. 본국 왕비의 성절을 축하하고 또 일본과의 계속되는 화호에
기쁨을 표시하려고, 이노우에 외무경·산조 태정대신·이와쿠라 우대
신·오키 참의·가와무라 참의·사사키 참의·도쿠다이지 궁내경·구로
다 내각고문·요시다 대보·하나부사 공사·사노 의장·나베시마 식두
부·니레 해군소장·다케조에 대서기관·다카시마 육군소장·사이토 서
기관·미야모토 서기관·고묘지 서기관·아사야마 3등속과 영국 공사·
미국 공사·벨기에 공사·청국 공사·프랑스 공사·네덜란드 공사·스페
인 공사·이탈리아 공사·러시아 공사·독일 공사에게 서신을 보내어
다음 달 3일에 유정 2각(酉正二刻, 오후 6시 30분)에 엔료칸(延遼館)에 모
여 연회하기로 정하였다.
  ○ 오시에 센소지(淺草寺)[66]에 가서 구경하였다.

---

66 센소지(淺草寺) : 도쿄도(東京都) 다이토구(台東區) 아사쿠사(淺草) 2초메에 있는 도
쿄도 최고(最古)의 절이다.

## 27일

맑음. 오스트리아 영사관과 독일 공사가 와서 만났다.

○ 오시에 공부대학교(工部大學校)에 가서 소보(少補) 오토리 게이스케(大鳥圭介)[67]를 만나 국내(局內)의 위치와 규모를 두루 보았는데, 다 말하기도 어려웠다. 전신국(電信局)에 가서 본국의 소식을 상해(上海)와 아카마가세키 등지로부터 얻었다. 하나부사 공사가 마침 와서 함께 전기기계창(電機器械廠)에 가서 구경하였으며, 끝나고 하나부사 공사의 관저로 가서 이야기를 잠시 하다가 사신의 숙소로 돌아왔다.

○ 이탈리아 공사 난사열사(蘭査烈士, Martin Lanciarez)가 서신을 보내 만나기를 청하였다.【서력 11월 11일 오후 7시 만찬이다.】

○ 네덜란드 공사가 그 부인과 함께 서신을 보내와서 만나기를 청하였다.【서력 11월 13일 오후 7시의 만찬이다.】

○ 두 나라 공사에게 답하였다.

○ 외무경의 조회가 왔다.

서간으로 드릴 말씀은, 오늘 변리공사 하나부사 요시모토는 외무성 3등출사(三等出仕)로 보임되고, 외무대서기관 다케조에 신이치로가 변리공사로 임명되어 귀국에 주차(駐箚)하는 명을 받았으므로 이에 통지해드립니다. 이만 그칩니다.

메이지 15년 11월 6일.
외무경 이노우에 가오루
조선국 특명전권대신 박영효 각하

---

[67] 오토리 게이스케(大鳥圭介) : 1833~1911. 일본의 서양 군학자, 막신(幕臣), 군인, 관료, 외교관. 정2위 훈2등 남작.

(역한문 번역 생략)

## 28일

비. 어원(御苑)의 관국(觀菊)은 비 때문에 중지되었다.

○ 외무경의 조회에 답하였다.

대조선 특명전권대신 박영효가 조회에 회답합니다. 귀 성 외무경의 조회 내에 이르길 '7월 초6일 상유(上諭)를 받들어, 변리공사 하나부사 요시모토는 외무성 3등출사로 보임시키고, 외무대서기관 다케조에 신이치로를 변리공사로 대신 충당시켜 조선국에 주차하게 하였다.'고 하였는데, 이전부터 본 대신이 전임 하나부사 공사를 살펴보니 조선에 도착한 후부터 모든 교제의 일들을 능히 공평하게 의논하여 처리하였는데, 이제 간선(簡選)한 신임 공사도 스스로 반드시 더욱 우목(友睦)을 밝힐 것이니 기쁨과 위안이 지극하여 견딜 수가 없습니다. 이에 회답합니다. 조회가 잘 전달되길 바람.

이상 대일본 외무경(外務卿) 이노우에 가오루 각하에게 조회합니다.

개국 491년 9월 28일.

## 29일

맑음. 오스트리아 총영사관을 방문하였다.

## 30일

맑음. 오시에 인쇄국(印刷局)에 가서 구경하였다. 사진국장(寫眞局長)이 오찬을 베풀었다.

○ 동래 부사(東萊府使)의 보장(報狀)[68]이 건너왔다. 【8월 22일에 발송한 관(關)이다.】

# 10월

## 초1일

맑음. 오시에 청국 공사를 가서 만났다.

○ 저녁에 이탈리아 공사관에 가서 만찬을 하였다.

○ 청국 번역관(飜譯官) 양전훈(梁殿勳)이 와서 만났다.

## 초2일

비. 러시아 공사가 서신을 보내 만나기를 청하였다.【서력(西曆) 이번 달 20일 오후 1시 만찬이다.】

○ 원로원 의장 사노 쓰네타미[69]가 서신을 보내 만나기를 청하였다. 【서력 이번 달 17일 오후 1시의 만찬이다.】

## 3일

맑음. 외무경을 가서 만났다.

○ 공사의 서신과 원로원 의장의 서신에 답하였다.

○ 유정 2각(酉正二刻, 오후 6시 30분)에 부사(김만식)·종사관(서광범)· 운미(민영익)·고우(김옥균)와 함께 엔료칸(延遼館)으로 가서 손님들을 기다렸다. 각국의 기장(旗章)을 정당(正堂)에 걸어놓고 손님과 주인이 순서대로 앉아서 아래와 같이 축하하였다.(이날에 수록된 그림 1 〈빈주서 차 축하도(賓主序次祝賀圖)〉와 그림 2 〈기장서차도(旗章序次圖)〉 참고)

---

**68** 보장(報狀) : 어떤 사실을 상부 관원에게 알려 바치는 공문.

**69** 사노 쓰네타미(佐野常民) : 1823~1902. 일본의 무사, 정치가. 일본적십자사의 창설자. 관식은 추밀고문관, 농상무대신, 대장경, 원로원의장. 훈등은 훈1등. 작위는 남작. 사가의 칠현인(佐賀の七賢人) 중 1명.

　내가 술잔을 들고 여러 사람들을 향하여 송축하기를,

　"조선이 아시아에 있어 외국을 통한 일이 없더니, 지금 세계의 성운(盛運)이 크게 열리매 몇 해 전에 일본과 더불어 새로운 조약을 다시 정하고, 또 미국·영국·독일을 차례로 사귀었는데, 뜻밖에 본국에 변란이 일어난 것은 불행한 일이나 우리 주상의 성덕으로 즉시 난리가 일어날 조짐을 깨끗하게 하여 만년 화약(和約)이 굳게 되었으니 각국이 경하(慶賀)하는 일이요, 또 우리 중궁 전하께서 그러한 폭란(暴亂)을 피하셔 복위(復位)까지 하시고, 마침 본 대신이 일본에 와서 일전에 중궁 전하의 천추절(千秋節)을 지내니 경축함을 측량치 못하오며, 오늘날 한 자리에 여러분을 모시고 기뻐 즐거워하니 이러한 경사를 아르시게 찬축(讚祝)[70]하오며, 우리 조선 주상과 이왕에 사귄 나라와 장차 친할 나라의 각 제왕이 성수(聖壽)가 무강하셔 천하가 한집같이 태평하기를 축수하오며, 겸하여 우리도 형제같이 만국에 태평한 복을 누리기를 원하노이다."

하였다. 읽기를 마치자 여러 공들 또한 모두 술잔을 들고 두 손 모아 축하하였다.

　외무경 이노우에 가오루가 송사에 답하기를,

　"일본과 조선이 이웃 나라가 되어 몇백 년 동안 화호(和好)하더니 이번에 불행히 변란이 있다가, 조선 주상의 성덕 홍복(聖德洪福)과 우리 황상의 선린지의(善隣之意)로 두 나라의 친목함이 더욱 깊게 된 것은 아시아의 큰 경사입니다. 오늘 밤 조선 공사(公使)의 축사를 들으니 우리도 각각 경하하오며, 이로부터 만국이 형제처럼 인민을 보호하고 각국 제왕의 성수 만년을 원하나이다."

---

**70** 찬축(讚祝) : 두 손을 모아서 빎.

## 그림 1 〈빈주서차 축하도(賓主序次祝賀圖)〉

**윗줄 (우→좌)**

- 외무3등속 아사야마 겐조(淺山顯三)
- 민영익(閔泳翊)
- 외무대보 요시다 기요나리(吉田淸成)
- 러시아 대리공사 바론 로젠
- 참의겸 해군경 가와무라 스미요시(川村純義)
- 벨기에 특명전권 공사 카를로 데 그루테
- 참의겸 외무경 이노우에 가오루(井上馨)
- 전권대신 박영효(朴泳孝)
- 태정대신 산조 사네토미(三條實美)
- 참의겸 육군경(大山岩)
- 미국 전권공사 존 A.빙엄
- 이탈리아 대리공사 E.마틴 란치아레스
- 궁내경 도쿠다이지 사네쓰네(德大寺實則)
- 외무3등출사 요시모토 하나부사(花房義質)
- 종사관 서광범(徐光範)

**아랫줄 (우→좌)**

- 외무소서기관 사이토 슈이치로(齋藤修一郎)
- 원로원 의관 겸 식부두 나베시마 나오히로(鍋島直大)
- 원로원 의장 사노 쓰네타미(佐野常民)
- 독일국 대리공사 프테이헤르 프라프 트위트 위치72
- 네덜란드 변리공사 J.J.반 데르 포트
- 전권부관 김만식(金晩植)
- 우대신 이와쿠라 도모미(岩倉具視)
- 참의겸 사법경 오키 다카토(大木喬任)
- 영국 특명전권공사 겸 총영사 해리 S.파크스 경
- 청국 특명전권공사 여서창(黎庶昌)
- 스페인 대리공사 루이스 델 카스티요 트리게로스
- 참의겸 공부경 사사키 다카유키(佐佐木高行)
- 변리공사 다케조에 신이치로(竹添進一郎)
- 외무서기관 고묘지 사부로(光妙寺三郎)
- 김옥균(金玉均)

---

**71** 기록에는 칸 폰 아이젠데허(Karl van Eisendecher)가 1886년까지 주일 특명전권공사을 역임하였다.

그림 2 〈기장서차도(旗章序次圖)〉

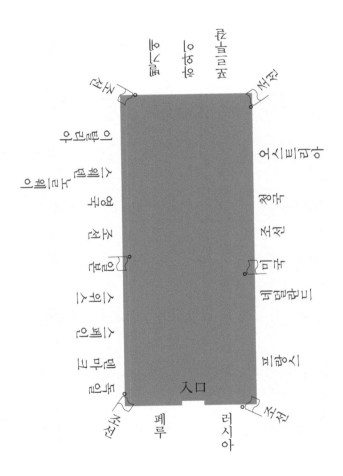

하였다. 축사를 읽기를 마치자 영국 공사 파크스(Henry Parkes)가 수석 공사(首席公使)로서 또한 송하(頌賀)하기를,

"조선국이 새로이 각국과 친하게 되어 풍기(風氣)가 크게 열리매 천하 각국이 다 기뻐하오니, 오늘 밤 성회(盛會)에서 조선·일본 두 나라의 경사를 들으매 각국 공사의 기쁜 마음도 같아오며, 조선 공사의 술잔에 처음으로 각국 제왕의 성수(聖壽)를 축하하오니 우리도 같은 경건한 정성을 부치나이다."

하였다. 송축을 마치자 악대가 양악(洋樂)을 연주하였고, 등불 빛은 대낮과 같고 술 향기는 안개를 만들었다. 취하고 먹고 실컷 즐기다가 밤이 깊어 흩어졌다.

○ 야마가타(山縣) 참의·사이고(西鄕) 참의·야마다(山田) 참의·마쓰카타(松方) 참의·구로다(黑田) 고문·니레(仁禮) 소장·다카시마(高島) 소장·미야모토(宮本) 서기관·프랑스 공사는 모두 사정이 있어 참석하지 못하였다.

### 초4일

흐림. 이와쿠라(岩倉) 대신이 서신을 보내 만나기를 청하였다.【서력(西曆) 11월 22일 오후 7시 엔료칸(延遼館) 만찬이다.】

○ 독일 공사가 서신을 보내어 만나기를 청하였다.【서력 12월 22일 오후 7시에 본 공사관 만찬이다.】

○ 저녁에 네덜란드 공사관 만찬에 가니 각국 공사들이 모두 모였다.

### 초5일

비가 오다가 저녁에는 갬. 궁내성에 가서 국화를 관람하였다.

○ 이와쿠라(岩倉) 대신의 서신에 답하였다.

○ 청국 공사 여순재(여서창)가 내방하였다.

○ 저녁에 영국 공사관에 가서 만찬하였다.

○ 이탈리아 공사에게 명함을 보냈다.

○ 독일 공사의 서신에 답하였다.【이와쿠라 대신이 이미 만나기를 청하여서, 약속을 따를 수 없기 때문이었다.】

### 초6일

아침에는 흐리다가 저녁에는 갬. 오지(王子)의 조지국(造紙局)과 수륜직포소(水輪織布所)에 가 보았다.

○ 가바야마 스케노리(樺山資紀)가 서신을 보내, 향강미생사(向岡彌生社)의 격검회(擊劍會)에서 만나기를 청하였다.【서력 11월 25일 오후 2시이다.】

### 초7일

맑음. 우에노(上野)의 사창회(射槍會)에 가서 구경하였는데, 일황은 친히 장내에 행차하였고 문·무관도 모두 모였다. 표적을 세워 놓고 창을 쏘는데, 누워서 5번을 쏘고 앉아서 5번을 쏘고 서서 5번을 쏘아 빼어난 사람에게 상을 주었다. 고우(김옥균)와 윤웅렬(尹雄烈)도 또한 쏘아서 많이 맞히니 자못 빛이 났다. 오찬을 하사하셨는데 악대에까지 미치게 하였다. 식사를 마치고 친왕(親王)도 단창(短槍)으로 쏘았는데 그 방법이 심히 좋았다.

○ 오시에 원로원 의장을 세이요켄(靜養軒)에서 만나 오찬을 하였다.

○ 다케조에 공사가 와서 만났다.

○ 하와이 공사가【올해 처음 일본에 공사관을 설치했다.】 와서 만났다.

### 초8일

맑음. 하와이 공사에게 가서 감사 인사를 하였다.

○ 시나가와(品川)에 가서 유리와 가스등[瓦斯燈]을 구워 만드는 모임을 구경하였다.

### 초9일

맑음. 도야마(戶山)의 경마장에 가니 일황은 이미 전날에 친히 행차했고 단지 시라카와 친왕(白川親王)이 와서 각국 공사들을 접대하였다. 구경하고 잠시 후에 숙소로 돌아왔다.

○ 오쿠라 기하치로(大倉喜八郞)[72]와 시부사와 에이이치(澁澤榮一)가 서신을 보내 만나기를 청하였다. 【서력 11월 11일 오후 1시 본가(本家)에서의 만찬이다.】

○ 흰 명주를 여순재(여서창)에게 보내어 편미(扁楣)[73]와 영련(楹聯)[74]을 간청하였다.

○ 오쿠라와 시부사와의 서신에 답하였다.

### 초10일

맑음. 하나부사(花房) 3등출사(三等出仕)가 와서 만났다.

---

72 오쿠라 기하치로(大倉喜八郞) : 1837~1928. 메이지·다이쇼 시기에 무역, 건설, 화학, 제철, 섬유, 식품 등의 기업을 일으킨 기업가이다. 오쿠라 재벌(大倉財閥)의 설립자이며, 시부사와 에이이치(澁澤榮一)와 함께 로쿠메이칸(鹿鳴館), 제국호텔(帝國ホテル), 제국극장(帝國劇場) 등을 설립하였다. 도쿄경제대학교(東京經濟大學)의 전신인 오쿠라상업학교(大倉商業學校)의 설립자이다.

73 편미(扁楣) : 문미(門楣)에 써서 걸어 놓는 글씨.

74 영련(楹聯) : 기둥이나 벽 따위에 장식으로 써서 붙이는 글귀.

○ 세이요켄(靜養軒)에서 요리를 마련하여 시랑(侍郎) 민운미(閔芸楣,
민영익)를 불러 전별하였다.

○ 다케조에 공사가 와서 만났다.

○ 저녁에 러시아 공사를 만나 만찬을 하였다.

## 11일

맑음. 외무경에게 서신을 보냈다.

○ 청국 공사가 견본(絹本)[75]에 글을 써서 보내고 또 서신도 보냈다.

○ 오후에 오쿠라 기하치로(大倉喜八郎)에게 가니 약속했던 하나부사
(花房)·다케조에(竹添)·요시다(吉田)·양전훈(梁殿勳)·요문동(姚文棟)이
모두 와서 모였다. 집은 강가에 있었는데 누사(樓榭)[76]와 수림(樹林)이
지극히 맑고 깨끗하여 신선이 사는 곳을 방불케 하였다. 만찬을 준비하
였는데 물품이 모두 진귀하고 정갈하였다. 예기(藝妓) 수십 명을 불러
술잔을 닦으며 술을 권하는데 매우 은근하였다. 이미 관현(管絃)이 일
제히 연주되고 춤과 노래를 번갈아 하니 손님과 주인이 모두 즐거워하
였다. 음악을 거두고, 곧 흰 명주 몇 필과 필묵을 가져와서 제(題)를
주어 청하니, 각기 모두가 휘호하였다. 밤이 깊어서야 숙소[使署]로 돌
아왔다. 【가는 길에 요코스카(橫須賀)를 지났는데, 마침 일황의 수군 조련(水
軍操練)을 만났다. 신사 숙녀들이 구경하는 것이 개미떼 같았다. 양쪽 언덕에
군악(軍軺)을 설치하고 하구(河口) 가운데의 병선(兵船)에서는 수많은 병대가
나누어 연습하였다. 해가 저물어 일황(日皇)이 배를 타고 궁궐로 돌아가니, 언덕

---

**75** 견본(絹本) : 서화(書畫)에 쓰기 위한 비단(緋緞) 천. 비단 천에 그리거나 쓴 서화.
**76** 누사(樓榭) : 다락집으로 된 정자.

위에서 일제히 군악을 연주하는데 매우 볼만하였다. 지나가는 길에 이궁(離宮)이 있으니 비빈(妃嬪)도 역시 와서 구경하였다고 한다.】

곧장 아룁니다. 어제는 잠시 만나니 위로는 적고 서운함이 많았습니다. 본 대신이 변변치 못한 토산물 몇 가지를 귀 황상께 드리고자 하여 각하께서 대신 전달해 주시길 청하오니 송구함이 이를 데가 없습니다. 삼가 이에 고하고 날마다 복되심을 송축합니다.

개국 491년 10월 11일.

특명전권대신 박영효

일본 외무경 이노우에 가오루 각하

드리는 물품의 단자(單子)는 따로 갖추었습니다.

삼가 아룁니다. 제가 글씨에 서툴지만 명을 받고 감히 사양하지 못하였습니다. 그러나 귀하께서 글씨를 청한 명주를 더럽혔습니다. 삼가 받들어 드리오니 살펴보시고 받아 주시기 기원합니다. 송구함이 이를 데가 없습니다. 이만 그치고 귀하의 안녕을 송축합니다.

10월 11일.

여서창【돈수(頓首)】[77]

## 12일

맑음. 사시에 영국 공사를 방문하였다.

○ 오시에 하마카이 어원(濱海御苑)【도쿠가와 씨(德川氏)의 구택(舊宅)이

---

[77] 돈수(頓首) : (편지의 첫머리나 끝에) 경의를 표하기 위하여 쓰는 말.

다.]과 엔료칸(延遼館)의 후원(後苑)에 가서 구경하였다. 모두 해안에 있
는데, 물을 끌어다가 연못을 만들고 개천에는 다리를 놓았으며, 등나
무 시렁과 연꽃 제방(堤防), 기이한 돌과 높은 소나무는 사람의 기교[人
巧]로써 자연(自然)에 이르렀다. 이는 대개 일본이 잘 하는 일이다. 앞
으로는 거울 같은 바다를 내려다보고 중간에는 이궁(離宮)을 지었는데,
난간은 조각하고 벽에는 그림을 그렸으며, 복도(複道)·밀실(密室)은 티
끌조차 없어 심신이 갑자기 깨어났다. 잠깐 봉호(蓬壺, 봉래산(蓬萊山).
신선이 사는 곳) 사이에 놀고 있는 듯한 의심이 들었다. 지키는 관원이
있는데 맞이하여 차(茶)를 마시면서 말하기를 '나뭇잎을 쓸어내고 나무
를 기르며 늠록(廩祿, 봉록)을 먹는 사람이 50~60명이나 된다.'고 하니,
그 청결함을 생각할 수 있었다.

○ 사법경 오키 다카토가 서신을 보내어 만나기를 청하였다.【서력
이번 달 28일 오후 7시에 그 집에서의 만찬이다.】

○ 육군경 오야마 이와오가 서신을 보내어 만나기를 청하였다.【서력
이번 달 29일 오전 9시에 유람과 오찬이다.】

○ 나가오카 모리요시(長岡護美)[78]와 그 부인이 서신을 보내어 만나기
를 청하였다.【서력 이번 달 29일 오후 7시에 엔료칸에서이다.】

○ 모두 3봉(封)의 서신을 만들어 답하였다.

○ 오후 7시. 이와쿠라 대신을 엔료칸에서 만나 만찬을 하였다.

---

**78** 나가오카 모리요시(長岡護美) : 1842~1906. 1868년 메이지 신정부에서 산요(參與)를
맡았으며, 1872년 미국을 거쳐 영국 케임브리지대학에 유학하였다가 1879년 귀국하였으
며, 외무성에 입성하여 주네덜란드 특명전권공사가 되어 벨기에 및 덴마크 공사를 겸임하
였다. 1800년 설립된 홍아회(興亞會) 회장을 맡았고, 1882년에는 원로원 의관(議官)이
되었다. 1883년 고등법원(高等法院) 배석재판관(陪席裁判官)이 되었다. 1898년에는 동아
동문회(東亞同文會)의 부회장을 맡았고, 러시아 남하에 대한 대책에 힘썼다.

## 13일

맑음. 해군 소위 아라키 요이치(荒木亮一)와 고상용(高桑勇)·해군 중기관사(海軍中機關士) 아사쿠라 준이치로(朝倉俊一郎)·원로원 의장 와타나베 히로모토(渡邊洪基)[79]가 와서 만났다.

○ 저녁에 요시다(吉田) 대보의 집에 가서 만찬을 했다.

## 14일

흐리다가 밤에는 비. 다케조에 공사가 와서 만났다.

○ 영국 공사가 와서 만났다.

○ 저녁에 외무경 댁으로 가서 만나 이야기하였다.

## 15일

흐림. 야요이샤(彌生社)에 가서 격검(擊劍)을 구경했는데, 친왕(親王)과 문무(文武)의 여러 관원 및 각국 공사들이 모두 모였다. 검사(劍士)가 동서 2대로 나뉘어 각각 한 사람씩 내보내고 대나무 갑옷을 입고 대나무 투구를 쓰고 대나무 칼을 사용한다. 두 사람이 서로 마주하여 인사를 하고 나누어 서서 승부를 겨루는데 매번 세 번의 시합으로 승부를 가르고 똑바로 머리를 치면서 차절(遮截, 가로 막음을 당함)을 범하지 않아야 이기는 것이다. 이긴 사람은 검은 패에다 흰 글씨로 이름을 써서 걸어놓아 여러 사람들이 알도록 하니, 그 기교(技巧)를 겨루고 용력(勇

---

**79** 와타나베 히로모토(渡邊洪基) : 1848~1901. 메이지 정부의 관료이자 정치가. 1871년 이와쿠라 사절단(巖倉使節團)으로 수행했다. 도쿄부지사(東京府知事)와 제국대학 초대 총장 등을 역임했다. 제2차 수신정사 김홍집이 일본을 방문했을 때, 아이이산방(曖依山房)에서 김홍집에게 한시를 보내기도 하였다.

力)을 과시하는 것이 아주 볼만하였다. 싸움이 끝나고 또한 서로 앉아서 공손하게 인사를 하니, 이는 분(忿)을 풀고 미움을 씻기 위함이다. 검사(劍士)는 대부분 순사(巡査)인데, 비록 높은 직위에 있는 사람이라도 역시 참여한다.

약 27개조가 격검을 다하고 나니 경시총감 가바야마 스케노리가 여러 손님들을 이궁(離宮)으로 인도하였다. 이궁의 모습은 매우 세밀하고 우아하며 많은 집들을 굽어보고 있는데, 늦가을 수목의 경치가 특히 뛰어났다. 방 안에는 난로를 빙 둘러 설치하고 좋은 음식도 많이 차려 놓아 서서 먹는 모임을 베풀었다. 술은 물처럼 있었는데 모두 해외의 명주(名酒)였다. 연회가 끝나고 해가 저물어 숙소[使署]로 돌아왔다.

### 16일

맑음. 저녁에 야마다 아키요시(山田顯義)[80]를 만났다.

○ 요시히사 친왕(能久親王)과 이탈리아 공사관의 통역관·해군 중기관사(海軍中機關士) 아사쿠라 준이치로(朝倉俊一郞)·해군대좌(海軍大佐) 아이우라 노리미치(相浦紀道)[81]가 모두 와서 만났다.

### 17일

맑음. 저녁에 미국 공사를 만나 만찬을 하였다.

---

**80** 야마다 아키요시(山田顯義) : 1844~1892. 일본의 에도 말기의 무사(조슈 번사), 메이지 시대의 정치가, 육군 군인. 메이지 시기의 군인으로서 신정부에 공헌하는 한편, 신일본의 설립자로서 법전정비에 힘썼다. 나가토국(長門國) 출신. 이와쿠라 사절단(岩倉使節団團)의 일원으로 프랑스를 방문하였을 때 나폴레옹 법전과 접하여 법률 연구에 몰두하였다. 약 9년간에 걸쳐 사법대신으로서 근대 국가의 골격이 되는 메이지 법전(明治法典)을 편찬하였다.

**81** 아이우라 노리미치(相浦紀道) : 1841~1911. 일본의 해군 군인, 정치가, 화족(華族).

## 18일

맑았다가 밤에는 비. 영국 공사가 서신을 보내와서 즉시 답신하였다.

○ 이탈리아 공사에게 서찰을 보냈다.

○ 네덜란드 공사가 내방하였다.

○ 저녁에 오키 다카토(大木喬任)을 만나 만찬을 하였다.

삼가 서한을 드립니다. 이번에 우리나라 배로 실어온 변변찮은 그릇을 드리려 하매, 감히 이를 좌우(坐右)에 올리오니 기쁘게 받아 주시면 다행이겠습니다. 그릇 위에 곧게 서있는 사람은 우리나라 사람의 아름다운 구의 모양을 본따 만든 것이니, 그런대로 귀하의 눈을 위로할 수 있을런지요? 또 드리고 싶은 것이 한 장 있는데, 다른 날 각하께서 아시는 사진사에게 맡겨 만들어지는 날에 김대인(金大人)의 손을 통해 귀국에 보내드리오니 그 뜻을 알아주십시오. 이만 줄입니다. 돈수(頓首)

11월 25일.

영국 전권공사 헨리 S. 파크스

조선 대사 박영효 각하


삼가 회답합니다. 방금 서신을 받고 또 진기한 그릇을 주시니, 배례 올리며 삼가 감사드립니다. 또 후일에 사진을 부쳐 주신다는 말씀에는 기쁨을 이길 수 없습니다. 이에 삼가 불선합니다.

10월 18일.

조선전권대신 박영효

영국 전권공사 각하


곧장 아룁니다. 소춘(小春)의 날씨에 만복이 있으심을 송축합니다.

갓[笠子]은 품질이 훌륭하지 못하지마는, 마침 뒤이어 온 것이 있기에 드리오니 웃으면서 받아두시기를 바랍니다. 이만 줄입니다. 날마다 복되시기를 빕니다.

10월 18일.

조선전권대신 박영효

이탈리아 공사 난사열사(蘭査烈士, R. Martin Lancierez) 각하

### 19일

맑음. 오전에 육군 사관학교(陸軍士官學校)와 포병기계창(砲兵機械廠)에 가서 구경하고 오시 정각에 유슈칸(游就館)에 들어가 오찬을 하였다. 이는 오야마 이와오가 마련한 것이었다. 외무성에서 1등속(一等屬) 아마노 고지로(天野瑚次郎)를 보내어 여러 곳을 안내하게 하였다.

○ 저녁에 나가오카 모리요시(長岡護美)를 엔료칸에서 만나 만찬을 하였다.

○ 외무경이 답서를 보내왔다.

○ 여러 인편으로 기무처(機務處)의 소식을 들었다. 또 고우(김옥균)가 우부승지(右副承旨)로 명받았음을 알았다.

○ 운미(민영익)가 먼저 출발하여 고베로 향했다.

바로 회답합니다. 어제 귀력(貴曆, 음력) 임오년 10월 11일자의 내신을 받아 보니, 귀국 토산물 몇 종이 있어 황궁에 진헌하니 대신 진달해 주십사 하고, 또 청문석(青紋石), 연초합(煙草盒), 오석소정(烏石小鼎)과 오석 냄비 각 2좌(坐)를 앞서 보내왔는데, 모두 이미 받았고 마땅히 각하를 대신하여 전하겠습니다. 먼저 이것을 알리고 답합니다. 날마다

복되심을 송축합니다.

> 메이지 15년 11월 28일.
>
> 외무경 이노우에 가오루
>
> 대조선국 전권 겸 수신대신 박영효 각하

## 20일

맑음. 고우(김옥균)가 숙소[使署]에 와서, 허위(虛位)를 정당(正堂)에 마련하고 숙배례(肅拜禮)를 행하였다.

○ 해군기관사보(海軍機關士補)인 미야케 고조(三宅甲造)가 와서 만났다.

○ 청국 공사 수행원인 요문동(姚文棟)이 와서 만났다.

○ 오후 4시에 홍엽관(紅葉館)에 가서 하나부사 3등출사(花房三等出仕)를 만나 만찬을 하는데 외무 관리들이 모두 모였다. 누각은 맑고 깨끗하며 상쾌하고 명랑하게 보였다. 뜰에는 오래된 단풍나무 두 그루가 있어, 붉은 잎이 땅에 가득하고 푸른 이끼는 깔개 같았다. 도시 한가운데에 이따금 영구(靈區)[82]가 갖추어져 있으니 신기하였다. 홍엽관 옆에는 거대한 누각이 하나 있었는데 노가쿠(能樂)를 연주하는 곳이었다. 노가쿠라는 것은 일본의 옛 가락이다. 결구(結構)의 기교(奇巧)와 회합(廻合)이 이루 형용할 수가 없었다. 해가 저물어 누각 위에 촛불을 켰고 기악(妓樂)과 맛있는 술은 양양(洋洋)하게 벌어졌다. 술이 다 되자 묵희(墨戲, 먹 놀이)[83]가 펼쳐졌다. 밤이 깊어서 사신의 공관[公署]으로 돌아

---

82 영구(靈區) : 신비로운 지역.

83 묵희(墨戲) : 墨豬. 과거에 급제한 사람을 발표하는 자리에서, 선진자(先進者)가 신은

왔다.

## 21일

맑음. 이탈리아 공사에게서 답장이 있었다.

○ 프랑스 공사가 역관(譯官)을 보내어 만날 날짜를 청하였기에, 23
일 오후 2시로 약속하였다.

삼가 귀관의 서한을 받고는 향을 피우고 손을 씻고 공경히 읽기를
명을 받들 듯이 하였습니다. 소춘(小春)으로 날씨가 맑고 따뜻한데, 존
체 후 만복하시니 기쁘기 한량이 없습니다. 보내주신 명산의 갓[笠子]
은 정교하고 우아하니 훌륭합니다. 흔상(欣賞, 좋아하여 즐김)함이 단지
척벽(尺璧, 크고 아름다운 보석)뿐만이 아닙니다. 절후에 따라 매우 몸조
심하시기를 바라며 삼가 답합니다.

1883년 11월 29일.

이탈리아 대리공사 난사열사(蘭査烈士, R. Martin Lanciarez)

대조선 전권공사 박영효 각하

## 22일

맑음. 사노 쓰네타미·오키 다카토·오야마 이와오·나가오카 모리요
시 및 러시아 공사에게 가서 감사 인사를 하였다.

---

자(新恩者)를 불러 축하하는 뜻으로 얼굴에 먹칠을 하는 신래 불림. 먹으로 하는 장난,
놀이.

### 23일

맑음. 오후에 수행원 두 사람과 우에노의 언덕에 올라갔다. 기와 조각이 바다와 같고, 한번 바라보니 즐비하게 보이는 곳이 전체의 10분의 1에 지나지 않는데도 번성함이 이와 같았으니, 도쿄의 관할(管轄)이 23만 5천여 호(戶)나 된다고 하는 것이 참으로 거짓은 아니었다. 내려 와서 수각(水閣)에 이르렀는데, 각(閣)은 큰 연못의 수많은 연꽃 위에 있었다. 연꽃은 비록 쇠잔했지만, 버드나무 녹음은 아직도 짙어 있었다. 술잔을 기울이다가 잠시 후에 숙소로 돌아왔다.

○ 식부두 나베시마 나오히로가 서신을 보내어 만날 약속을 하였다. 【서력 12월 12일 오후 4시에 홍엽관(紅葉館)에서이다.】

### 24일

맑음. 나베시마 나오히로의 서신에 답하였다.

○ 프랑스 공사가 와서 만났다. 서신이 있었는데 대게 통역관이 내밀한 뜻을 곡진(曲盡)하게 하지 못할까 의심한 것이니, 또한 묘수(妙手)라 할 수 있다.

○ 아타미 온천(熱海溫泉)과 요코스카(橫須賀)에 가고자 하여 외무경에게 연유를 보냈다.

프랑스 공사의 말을 대신하여.

지난번에는 저희 집에 찾아 주셔서 감사하였습니다. 오늘 제가 존관(尊館)에 가고자 한 것은, 우리나라 학자 '사루다'씨가 가까운 시일에 귀국에 가게 되었기 때문에 각하와 간절한 우의를 맺고자 한 것이며 또 그 사람이 귀국에 출장할 때에 모든 일을 아무쪼록 잘 보호해 주시기를 원합니다. 더욱 그 사람들이 가게 될 때 귀국의 지리를 두루 살피고자 하오니 귀국의 관리들이 안내를 해 주십시오. 근래 귀국과 우리나라는 조약을 맺은 바가 없기에 이렇게 소생이 간절히 원하는 것입니다. 가까운 시일 내에 귀국하신다 하니 도중 존체 보존하시길 기도하며 또한 뒷날 다시 뵙기 바랍니다.

12월 4일.

프랑스 공사 트리쿠(Tricou) 돈수(頓首)

조선 전권대신 각하

곧장 아룁니다. 본 대신은 평소에 뱃병[疝症]을 앓고 있어 추워지면 더 심해집니다. 의원의 말이 아타미 온천이 자못 좋다고 하니 내일 부사·종사관과 함께 가고자 하여 이에 서신으로 알려 드립니다. 불선합니다. 삼가 날마다 복되심을 송축합니다.

10월 24일.

박영효

일본 외무경 이노우에 가오루 각하

또 아뢸 것은, 도중에 요코스카(橫須賀)도 잠시 유람하고자 하오니 헤아려 살펴주십시오.

## 25일

맑음. 프랑스 공사에게 가서 감사 인사를 하였다.

○ 오후 2시에 부사(김만식)·종사관(서광범)·수행원 박제경·김유정·이복환 및 종자 김봉균·박영준과 함께 정거장에 나가니 외무성 1등속

(一等屬) 미와 호이치(三輪甫一)와 어학생도 시오다 이치타로(鹽田一太郎)가 외무성의 지위(知委)[84]가 벌써 나와서 기다리고 있었다. 함께 기차를 타고 1시간쯤에 요코하마에 이르렀다. 일행은 먼저 마두(瑪頭)에 가서 조그만 화륜선에 앉았고, 나는 네덜란드·벨기에 두 나라의 공사를 방문하여 함께 모여서 요코스카로 향하였다. 연안 누대의 아름다운 빛깔과 석양이 서로 영롱하였다. 해질 무렵 요코스카에 도착하니 양쪽 산이 에워싸 안고 있고 하나의 호수는 둥글고 맑았으며, 그 안에 군함 12척을 두어 경금(警金)[85]으로 서로 응답하고 현등(舷燈)으로 서로 비춘다. 언덕 위에서는 노래와 피리 소리가 요란하게 떠들썩한데 이는 해군이 기생과 더불어 즐겁게 노는 것이라 하였다. 대개 도쿄의 요시와라(吉原)·시나가와(品川)와 요코스카 등지에 창루(娼樓)를 설치한 것은 군사들을 위로하여 기쁘게 하기 위한 방법이라고 하였다. 해군성과 외무성에서는 각각 점루(店樓)를 정해 맞이하였다. 이에 해군성에서 정해놓은 집에 짐을 풀고 누각에 올라 배 만드는 각각의 창(廠)을 바라보니, 들쭉날쭉하게 솟은 집들이 엷은 안개와 별들 사이에서 은근하게 비치는 것이 마치 서양화 한 폭을 마주하는 듯하였다. 또 점루는 화려하고 산뜻하고 깨끗했으며 차려 놓은 요리가 매우 정갈하여 기뻤다.

## 26일

흐림. 오전 8시에 해군성에서 산판선(舢板船)을 보내왔다. 아침 식사가 끝나고 배로 조선소에 건너가니 해군사 장사정(海軍士匠司正) 와타

---

84 지위(知委) : (통지나 고시 따위의 형식으로) 명령을 내려 알리어 줌.
85 경금(警金) : 경보 사이렌을 이르는 듯하다.

나베 긴조(渡邊忻三)[86]가 객청(客廳)으로 맞아들였다. 차를 다 마시자 각 공창으로 인도하였는데, 배를 만드는 규모가 기묘하고 거대하였다. 화륜함(艦) 한 척마다 각기 석갑(石閘)을 쌓아서 보관하였는데 1갑(閘)의 비용이 50만 원(圓)이나 된다고 하였다. 둘러보고 난 뒤에 다시 객청에 들어가니 술과 과일로 매우 은근하게 대접하였다. 소서기관(小書記官) 나카미조 야스다쓰(中溝保辰)가 시(詩) 한 편을 주었다.

이야기가 끝나자 점루(店樓)로 건너와서 점심을 하고, 또 조그만 화륜선을 타고 1시간쯤 되어 가나자와(金澤)에 도착하니 곡호(曲湖)와 천산(淺山)의 경치가 있었다. 잠시 쉰 후에 인력거를 타고 모두 에노시마(江島)로 향하였는데 산의 좁은 길이 높기도 하고 낮기도 했으며, 대울타리와 벼 심은 논두둑이 그윽하고 깊숙하여 사랑스러웠다. 3리쯤 가니 신사(神社)【쓰루오카 하치만궁(鶴岡八幡宮)의 고 천황(古天皇)】가 있는데, 옛날 미나모토노 요리토모(源賴朝)[87]가 도읍을 정한 곳이라 하였다. 옛날에는 매우 번성하고 화려했는데 지금은 시골이 되어 버렸으니, 성쇠가 바뀌는 한탄이 어느 곳인들 그렇지 않겠는가. 해가 저물자 등불을 켜고 에노시마(江島)에 도착했는데, 길이 바닷가로 들어가서 조수(潮水) 소리가 세차게 들려왔다. 점루(店樓)에 들어가니 누각은 섬 위에서 내려다보고 있는데, 영롱하게 짜여 있어 마치 신기루에서 놀고 있는 것과 같았다.【가나자와(金澤)에서 에노시마까지는 영국 이수(里數)로 계산하면 10

---

[86] 와타나베 긴조(渡邊忻三) : 1840~1913. 막말의 무사, 메이지 시기의 해군이다. 최종 계급은 해군 기관 소장.

[87] 미나모토노 요리토모(源賴朝) : 1147~1199. 헤이안 시대(平安時代) 말기부터 가마쿠라 시대(鎌倉時代) 초기까지의 무장, 정치가. 가마쿠라 막부의 초대 정이대장군(征夷大將軍)이다.

리가 된다.】

| 배 만드는 바닷가 위로 연기 뿜어 나오니 | 製艦水區廻岸煙 |
| 아시아 주에서 가장 먼저 시작하였네 | 亞州第一着先鞭 |
| 석조(石槽)는 고래처럼 무지개 삼켰다 뱉어내고 | 石槽鯨鯢虹吞吐 |
| 철로 만든 채는 꿈틀꿈틀 선반을 돌리네 | 鐵捉蜿延盤轉旋 |
| 조선(造船)은 본디 황제의 창작 아니니 | 椲造素非黃氏瓶 |
| 기술이 어찌 재인(梓人)[88]에게서 전해졌겠는가 | 技工豈自梓人傳 |
| 국가가 해군의 중요성을 잘 알아서 | 國家偏識海軍重 |
| 내탕금 몇만 냥도 아끼지 않았다네 | 不借帑金幾萬千 |

【근일에 지은 것을 기록하여 귀하의 질정을 바랍니다.】

조카이(澄懷) 나카미조 야스다쓰(中溝保辰) 드림

## 27일

맑음. 아침에 일어나 보니 바다 빛이 끝없이 펼쳐져 있고, 누대(樓臺)의 금벽(金碧)이 섬 위에 가려 비치었다. 또 산꼭대기를 올라가는데 돌계단 수백 개를 밟고 빙빙 돌며 올라가니 신사가 몇 군데 있었다. 홀연히 바라보니 후지산(富士山)이 바다 위에 솟아올라 마치 흰 연꽃이 피지 않은 형상과 같은데, 높이가 1만 3천 5백 척이라고 한다. 이것이 일본 제일의 큰 산이며 진실로 도쿄의 진산(鎭山)[89]이었다. 쌓인 눈이 하얗게 있어 예부터 변하지 않으니, 그 높이 쌓여 있음을 증명할 수 있겠다.

---

**88** 재인(梓人) : 순(簨)·거(簴)·음기(飮器)·사후(射侯) 등의 기구를 만드는 목수. 목수의 우두머리.
**89** 진산(鎭山) : 옛날에 온 나라를 또는 서울과 각 고을을 각각 진호한다고 생각한 산.

마주 대하니 한문(寒門)[90]에 뛰어난 인물이 나온다는 생각이 들었다.

이리저리 거닐다가 잠시 후에 내려와 인력거를 타고 아타미(熱海)로 향하였다. 오시에 오다와라(小田原) 18리에 이르러 점심을 먹었다. 또 바닷가의 산길을 따라가니 등귤(橙橘)이 막 익어 가는데 서리에 비로소 익는다. 해가 저물어 등불을 들고 온천(溫泉) 14리에 도착했는데 지나온 점루(店樓)와 농가가 깨끗하고 화려하여 때 묻은 세상 기운이 전연 없으니, 개항(開港) 이전에 이미 성립의 기본이 8~90%는 되어 있었음을 검증할 수 있었다. 황혼에 아타미의 후지야(富士屋)에서 유숙하였다.

### 28일

맑고 바람. 아침에 누상(樓上)에 기대니 푸른 바다가 일렁거렸다. 언덕 위 층루(層樓) 4백여 좌(座)가 모두 온천으로 업을 삼아 자못 재물이 넉넉하고 부유하였다. 온천 발원지에 가서 구경하니 돌 틈이 휑하니 비었는데, 뜨거운 안개가 가득하게 나오고 소리는 우레 소리같이 요란하였다. 매일 여섯 때에 용천에서 나오는데 이리저리 쏟아내는 것이 세찬 폭포수와 같았다. 땅 속에 은밀한 도랑을 설치하고 대나무 홈통으로 연결하여 집집마다 나누어 갔다.

욕실(浴室)을 깨끗하게 만드니 신사숙녀들과 먼 지방에서 온 구경꾼들이 길에 줄을 지었다. 교량(橋梁)의 시설과 원림(園林)의 경치 또한 특별한 한 구역이었다. 동쪽을 바라보니 바다 가운데에 땅이 있는데 이름은 오시마(大島)이다. 산 위에 흰 구름이 뭉게뭉게 피어올라서 물으니 이는 화산(火山)의 연기와 불꽃인데 사철 쉬지 않는다고 한다. 대

---

**90** 한문(寒門) : 구차하고 문벌이 없는 집안.

개 온천이 바다로 흘러서 바다물이 따뜻해지기에 아타미(熱海)란 이름을 얻게 된 것이었다. 아무데나 땅을 파면 바로 뜨거운 물이라 땅 표면이 거북 등처럼 갈라져 있어서 겁화(劫火)[91]가 일어나지 않을까 두려웠다. 일본에서 매양 많은 지진으로 생물(生物)에 손해를 입히는 것은 단지 이것 때문일 것이다. 이와 같은 낙토(樂土)로 사람의 생활이 두렵고 불안해 하니 아마 이것은 애석히 여길 만한 것이다. 사물은 양쪽 다 클 수 없고 일은 모두 다 아름다울 수 없는 것이니 진실로 그러하였다.

○ 바닷가로 나아가 걸으니, 바람에 밀려온 조수(潮水)가 해안에 부딪히는 게 마치 눈뭉치가 말아 오르는 것과 같았다. 어부의 집에 명하여 그물을 걷어 올리게 하고 술을 들고 산봉우리에 오르니, 한결같은 푸른빛이 만 리나 되어 쾌활함을 느꼈다.

○ 매일 아침저녁으로 욕실에 나아가니 물은 맑고 깨끗하였고 맛은 조금 짰지만 뜨거워서 습병(濕病)에는 매우 좋았다.

### 29일

맑음. 오후에 걸어서 산허리에 오르니 신사(神社)가 있었다. 녹나무(楠木)가 많았고 골짜기 그늘이 오히려 깊으니 땅기운이 따뜻함을 알 수 있었다. 그곳 주민이 녹나무로 안갑(按匣)이나 반합(盤盒) 등 만든 것을 분연하게 가지고 와서 팔았는데 세밀하고 고상하여 사랑스러웠다.

○ 아침저녁으로 또 온천에서 목욕하였다.

---

[91] 겁화(劫火) : 불교에서 세상이 파멸할 때 일어난다고 하는 큰불.

### 30일

맑음. 오시에 출발했다. 바닷가에도 뜨거운 물 있는 곳이 많았다. 저녁에 오다와라(小田原)의 히라오카점(平岡店)에 도착하여 유숙하였다. 동행인들과 함께 사가미노쿠니(相模國)에 가서 구경하였다. 성대(城臺) 터의 유적이 아직도 남아 있는데, 산을 등지고 바다를 두르고 있어 자못 형승(形勝)을 이루었다. 국주(國主) 소운(草雲)이 도요토미 히데요시 (豐臣秀吉) 때 홀로 험준한 것에 의지하여 종속하지 않고 전쟁을 하면서 서로 버티고 있다가, 나중에야 화의를 하였다고 한다. 민가와 시전(市廛)이 혼잡하고 떠들썩한데 문 앞에 패를 걸어 '대좌부(貸座敷)'[92] 석자를 써 놓았기에 물어보니 창기(娼妓)가 매음(賣淫)하는 곳이었다. 밤이 되자 노래와 피리 소리가 들끓으니 시골의 풍기(風氣)는 아니었다.

# 11월

### 초1일

히라오카점(平岡店)에서부터 인력거를 두고 마차를 탔는데 덜컹거림은 심했지만 빠르게 달리며 지나갔다. 12시에 후지사와점(藤澤店)에 도착하여 점심을 먹고, 5시에 가나가와현(神奈川縣) 정거장에 이르러 조금 쉰 뒤, 기차에 타서 1시경에 신바시(新橋)에 도착하니 관서(館署)에 머물고 있던 수행원이 전보(電報)를 듣고 벌써 나와 기다리고 있었다.

---

**92** 대좌부(貸座敷) : 가시자시키(貸座敷)를 일컬음. 메이지 이후 공창(公娼)이 기루(妓樓) 자리를 빌려서 영업했던 곳으로 유녀옥(遊女屋), 여랑옥(女郎屋)이라고도 한다.

서로 기쁘게 손을 맞잡았다. 외무성에서 또한 마차를 보내와서 타고 숙소로 돌아왔다. 고우(김옥균)가 요코하마에 나와서 기다린다고 들어서 전보를 보내고 우사(寓舍)에 돌아왔다.

### 초2일

흐림. 외무경에게 서신을 보냈다.

○ 외무성에 조회하였다.

○ 오후 4시에 홍엽관(紅葉館)에 가서 식부두와의 약속을 지켰다. 일본 고악(古樂)을 감상하였는데, 악기는 우리나라와 대게 비슷하여 음절은 화완(和緩)하였으며, 모양도 역시 거의 비슷하였다. 악관(樂官)은 봉관(鳳冠)[93]을 머리에 쓰고 금실로 수놓은 대령의(大領衣)를 입고 4인이 마주하여 춤을 추며 각각 창모(槍矛) 등을 잡는 것이, 당대(唐代)와 백제(百濟) 시대의 음악을 모방한 것이 많았다. 좋은 술을 많이 차리고 기녀들에게 명하여 술잔을 주고 먹을 갈아서 큰 글자로 제(題)를 쓰니 매우 운치 있는 일이었다. 밤이 깊어 숙소로 돌아왔다.

곧장 아룁니다. 날씨가 어찌 갑자기 추워졌는데 귀하의 복이 만복하심을 바라며 송도(頌禱)합니다. 본 대신은 어제 숙소로 돌아왔으므로 다만 이에 알립니다. 이만 날마다 편안하심을 송축합니다.

11월 초3일.

박영효

일본 외무경 이노우에 가오루 각하

---

**93** 봉관(鳳冠) : 봉황 모양의 관.

대조선 특명전권대신 박영효가 조회합니다. 이에 들으니 귀 공사가 타고 갈 우편선의 닻을 올릴 날이 귀력(貴曆, 양력)으로 이번 달 21일로 정해졌다고 하기에, 본 대신도 그 배에 함께 타고 가려하오니 폐하께 작별 인사드릴 일시를 미리 날짜를 정해 알려주시길 주기 바랍니다. 서로 마땅히 조회하니, 귀 성의 외무경께서 이 조회를 살펴주십시오. 조회가 잘 도착되길 바람.

이상 대일본 외무경 이노우에 가오루 각하께 조회합니다.

개국 491년 11월 초2일.

### 초3일

맑지만 추움. 해군 소장 소 시게마사(宗重正)가 와서 만났다.

○ 외무경에게 서신을 보냈다.

○ 외무경이 답서를 보내왔다.

○ 유시에 외무대보 요시다 기요나리를 가서 만났다.

○ 생도 박유굉(朴裕宏)과 박명화(朴命和)를, 어학(語學)을 배우도록 후쿠자와 유키치(福澤諭吉)[94]의 사립학교에 보냈다.

곧장 아룁니다. 우리나라의 육군 생도 이은석(李殷石)과 신봉모(申鳳模)는 지금 이미 졸업하였고, 조선 생도(造船生徒) 김양한(金亮漢)도 기

---

**94** 후쿠자와 유키치(福澤諭吉) : 1835~1901. 무사, 난학자(蘭學者), 저술가, 교육자이다. 게이오 의숙(慶應義塾)의 창설자이며 전수학교(專修學校), 상법강습소(商法講習所), 고베상업강습소(神戸商業講習所), 전염병 연구소(伝染病研究所)의 창설에도 힘썼다. 신문 『지지신보(時事新報)』의 창간자이며, 도쿄 학사회원(東京學士會院)의 초대 회장을 역임하였다.

계도(器械圖) 졸업증장(卒業證章)을 받았으니 장래에 실험하기를 기대할 수 있겠습니다. 우리나라 정부의 기뻐하는 뜻을 어떻게 되돌려야 할런지요. 우러러 생각하면, 각하께서 앞에서 뒤에서 지도하시느라 애쓰신 뜻이 실로 깊으니 감패(感佩)[95]함이 어찌 끝이 있겠습니까. 또 육군성과 해군성의 여러분께서도 이렇게 수고해주셔서 학업을 이루게 되었으니 삼가 칭송하며 또 감사드립니다. 번거롭지만, 각하께서 본 대신을 대신하여 구구한 충정을 여러 각하분께 전하여 주시길 바랍니다. 날마다 복 있으시길 빕니다.

개국 491년 11월 초4일.

박영효

일본 외무경 이노우에 가오루 각하

육군경 오야마 이와오(大山巖)

호산학교장(戸山學校長) 요시아키 친왕(嘉彰親王)[96]

호산학교 차장 나가사카 쇼토쿠(長坂昭德)

교도단장(教導團長) 와타나베 에이(渡邊英)

육군 소보(陸軍少補) 오자와 다케오(小澤武雄)

총무국장(總務局長) 고즈키 히데미(上月秀實)

해군경 가와무라 스미요시(川村純義) 대보(大輔) 나카무타 구라노스케(中牟田倉之助)[97]

---

95 감패(感佩) : (고마운 마음으로) 깊이 느끼어 잊어버리지 않음.
96 요시아키 친왕(嘉彰親王) : 고마쓰노미야 아키히토 친왕(小松宮彰仁親王)을 일컬음.
97 나카무타 구라노스케(中牟田倉之助) : 1837~1916. 일본 해군 군인. 해군대학교장, 추밀고문관, 자작.

요코스카 조선소 차장(橫須賀造船所次長) 와타나베 긴조(渡邊忻三)

해군 권소서기관(海軍權小書記官) 나카미조 야스다쓰(中溝保辰)

삼가 아룁니다. 전에 귀 대신의 서신을 받으니【임오년 10월 11일에 발송한 서신.】국산(國産) 청문석(靑紋石)과 연초합(煙草盒), 오석소정(烏石小鼎)과 냄비 각 2좌(座)를 황궁에 진헌(進獻)해 주기를 부탁하였기에, 먼저 서신으로 답하고 즉시 사람을 대신 들여보냈습니다. 이에 자칭(咨稱)한 것에 준하여 각각 해당 물건들을 이미 어전에 진상하였다 하므로 서신으로 회답하여 알려드립니다. 또한 민 참판(閔參判, 민영익)이 홍삼(紅參) 2근(斤)과 접선(摺扇) 1백 자루·청필(靑筆) 1백 자루도 역시 같이 들여 달라 하기에 모두 진상하였사오니, 대신 그렇게 알려주시기 바랍니다. 이와 같이 회답하오며, 날마다 복 있으시기를 빕니다.

메이지 15년 12월 7일.

외무경 이노우에 가오루

조선 전권대신 박영효 각하

## 초4일

맑음. 일본 국왕께 하직하는 일로 외무경에게 가서 의논하였다.

## 초5일

맑음. 가바야마 스케노리(樺山資紀)와 나베시마 나오히로(鍋島直大)의 초청 연회에 가서 감사 인사를 하였다.

○ 프랑스 공사에게 감사 인사를 하러 방문하였다.

○ 청국 공사를 가서 만났다.

○ 궁내경 도쿠다이지 사네쓰네(德大寺實則)가 서신을 보내어 시바이궁(芝離宮)에서 만나기를 청하였다.【19일 오후 4시이다.】

○ 외무경이 답서를 보내왔다.

삼가 회답합니다. 귀력(貴曆, 음력)으로 11월 초4일에 온 글 안에 "우리나라 육군 생도 이은석과 신봉모가 지금 이미 졸업했으며, 조선 생도(造船生徒) 김양한도 또한 기계졸업장(器械卒業章)을 받았다고 하시는 바, 본 대신이 이를 읽어보고 알게 되었고 함께 몹시 기쁘다." 하셨는데, 삼가 귀 대신의 감사하는 뜻을 육군성과 아울러 해군성의 각 관원들에게 조회하여 알리겠습니다. 이와 같이 전하오며 날마다 복 되시기 바랍니다.

메이지 15년 12월 15일.
외무경 이노우에 가오루
조선국 특명전권공사 박영효 각하

### 초6일

맑음. 궁내경의 서신에 회답하였다.

○ 생도의 일로 외무경에게 서신을 보냈다.

○ 통사 박인순(朴仁純)이 몸에 병이 있고, 생도 김동억(金東億)이 사고가 있어 모두 기선에 태워 동래(東萊)로 보냈다.

○ 외무경이 조회(照會)를 보내왔다.

○ 청국 공사 여서창(黎庶昌)이 와서 만났다.

아룁니다. 본국 생도 김화선(金和善)을 조벽소(造甓所, 벽돌 만드는 곳)에 보내어 배우도록 했으니, 귀 외무경께서 번거롭지만 다시 지도해주셔서 취업의 처지가 되도록 하여 주시길 이를 데 없이 바랍니다. 그 월료(月料)의 금액은 포치(布置)할 것이니, 그리 알아주시기 바랍니다. 날마다 복되시길 빕니다.

개국 491년 11월 6일.

특명전권대사 박영효

일본 외무경 이노우에 가오루 각하

서간으로 아뢰는 바는, 귀력 491년 12월 초2일자의 서간에 각하께서 머잖아 귀국하시게 되므로 작별 인사를 하기 위하여 알현하시고자 함을 알고 그 뜻을 아뢰었더니, 오는 19일 오전 10시에 접견하시겠다는 말씀이 계셨으니 그날 참내(參內)하시기 바랍니다. 이와 같이 전하옵고 삼가 그칩니다.

메이지 15년 12월 16일.

대일본 외무경 이노우에 가오루

(역한문 번역 생략)

## 초7일

맑다가 밤에는 비. 프랑스 공사가 와서 만났다.

## 초8일

맑음. 프랑스 공사에게 서신을 보냈다.

아룁니다. 며칠 전 귀 대신께서 서(署)에 오셔서 말씀을 해주셨으니 기쁨과 위안을 감당하지 못할 지경입니다. 귀국과 우리나라는 비록 이

전부터 통화(通和)하는 조약은 없었지만, 지금은 천하가 한집안같이 움직이고 모여드니, 동맹을 맺어서 우호를 나누게 될 날도 반드시 멀지 않을 것입니다. 이는 귀 대신께서 전일에 만나 이야기하신 바로, 또한 간절해 마지않으셨습니다. 이에 간절한 마음으로 알릴 한 가지 일은, 조선의 풍속은 예스럽고 질박함을 숭상하여 만약 자기와 다른 논의가 한번 나왔다고 들으면 배척하여 마지않으니 후일 우리나라와 귀국이 조약을 맺을 때에 오직 전교(傳敎, 천주교 선교) 한 가지 일만은 처음부터 약관(約款) 안에 거론할 필요가 없습니다. 귀 대신께서는 이를 잘 헤아려 주시기 바랍니다. 본 대신의 뜻은, 오로지 양국 간에 삼가 좋게 조약을 맺어 길이 우호를 함에 있으니 혹시 조그마한 부분으로 서로 충돌하여 맞지 않는 곳이 있다면 우리나의의 고박(古樸)한 풍속이 반드시 융통성이 없어 풀 수 없다는 데에 있을 것입니다. 간절함이 마음에 있어 특별히 이에 서신으로 알립니다. 불선하며 날마다 안녕하심을 송축합니다.

개국 491년 11월 초8일.
대조선 특명전권대신 박영효
대프랑스 전권공사 각하


### 초9일

맑음. 오전 10시에 부사·종사관 및 수행원과 더불어 궁내성에 가서 폐하께 하직 인사를 청하려 성청(省廳)으로 들어가니, 궁내경·식두부·외무경·내무 대보가 모두 공청(公廳)에 나와 서로 만났다. 차를 대접하고 외무경이 말하기를,

"다케조에 공사가 처음에는 양력으로 이번 달 21일에 윤선을 타려고

했지만, 마치지 못한 일이 있어 27일로 미뤘으니, 귀하의 행차도 함께 가려고 하시면 조금 물려야 할 듯합니다."

하므로 내가 대답하기를,

"상황이 그렇다면 다만 말씀대로 하겠습니다."

하였다. 잠시 후에 일황이 편전(便殿)으로 입시하라 명하므로, 삼사(三使)가 차례로 나아가 곡배례(曲拜禮)를 행하고 앞으로 나아가 국궁을 하고 섰다. 일황이 말하기를,

"경이 이제 우리나라를 떠나니 이별의 정이 어찌 지극하지 않겠소. 경께서는 귀국하면 짐의 간절한 뜻을 귀국 대왕께 고하여 주오. 추운 날씨에 항해하니 몸조심 하시오." 하였다. 말씀이 끝나자, 나는 송사(頌辭)를 읽었다.

"대조선 특명전권대신 겸 수신사 박영효는 삼가 대일본국 대황제 폐하께 면대하여 아룁니다. 사신이 이번에 우리 대조선국 대왕께서 부리신 명을 받자와 온 후로, 대일본 대황제 폐하의 성념(聖念)으로 특별히 관접(款接)하심을 입사옵고 속속히 비준이 되어 두 나라의 화목이 더욱 깊어진 일을 사신이 조정에 돌아가서 우리 주상께 주달하면 성심(聖心)의 가열(嘉悅)하심 응당 자별하시려니와, 이후에도 두 나라의 교제가 점점 날로 새로워지기를 바라오며, 또 양창(洋槍, 양총(洋銃)) 1대대(大隊)의 교련(敎鍊)하올 것을 보내신다는 말씀을 외무경에게 들었습니다. 이는 과연 제일 긴요한 일이므로, 우리 주상께서 기뻐하심을 아룁니다. 사신이 지금 사폐(辭陛)하오며 하정(下情)에 현현(懸懸, 마음에 늘 생각하는 모양)하오나, 차차 사절이 왕래하여 끊어지지 않는다면 사신도 또 와서 황제를 알현하올 날이 있사와, 이로부터 성수(聖壽)가 무강하시어 승평한 천록을 길이 누리시기를 삼가 축원합니다."

읽기를 마치고 물러나오며 또 곡배례를 행하고 나왔다. 외무경이 말 전하기를,

"황상께서 귀국 주상께 예물을 드리시니, 대도(大刀) 1구(口)·순자(純子) 2권·금실로 수놓은 탁자보 1매입니다. 또 대관(大官)과 부관(副官) 앞에 꽃병[花甁] 1대(對)와 홍색 축면(紅色縮緬)·백색 축면 2단(端)을 상사(賞賜)하시니 영납(領納)하십시오." 하므로, 나는 국궁하며 답하기를,

"예물은 삼가 돌아가서 우리 주상께 받들어 올리겠으며, 또 사신(使臣)에게 여러 진귀한 물건을 상사하시니 영광스럽고 감사함을 견딜 수 없습니다."

하였다. 궁내경과 식부두가 예물 및 상전(賞典)을 갖고 와서 살펴보게 하였다. 일이 끝나자 각자 공손히 인사하고 나와서 숙소로 돌아왔다. 오후 4시에 부사·종사관·고우(김옥균) 및 수행원 이복환(李福煥)과 함께 궁내경과의 약속을 지키려 시바이궁(芝離宮)에 가니 궁내경·대보·식부두·신임 공사·전임 공사·대원(大員) 10여 인이 모두 벌써 기다리고 있었다. 인사를 마치자 차(茶)를 주고 다음에는 내청(內廳)으로 들어가기를 청하였는데, 의자를 놓고 사신 일행을 주석(主席)에 앉히고 여러 경들이 모두 나누어 차례로 앉아서 일본 고악(古樂) 연주를 청하였다.

소위 순악(純樂)이란 것이 있는데 '반조(半組)'라 한다. 악관(樂官) 4~5인이 피리·퉁소·장구·북 같은 것을 들고 있는데, 모두 옛 옷을 입고 전면(前面)에 앉아서 처음에는 '고단야(古鍛冶)'를 연주하였다. '고단야'라는 것은 옛 국주(國主)가 그 신하에게 보검(寶劍)을 불에 달구게 했더니 그 신하가 신에게 청하여 주야(鑄冶)했다는 것인데, 그 설치한 모양과 북과 추(錘)가 볼만하다. 그 다음은 '융(融)'을 연주하였는데, 융이란 것은 옛날 좌대신의 이름이다. 나라에 공훈이 있었는데 죽은 다음에

신(神)이 되어 스스로 살았을 때의 공업(功業)을 베풀어 죄과(罪過)를 밝히는 형상이다. 다음은 '토지(土蜘)'를 연주하였다. 토지란 것은 옛날 제후가 늙은 거미 정령이 되었다가 중으로 변하여 마귀(魔鬼)가 되었는데 (원문 누락) 깨어나자 목을 쳐버리니 그 신료들이 축하하는 모습이었다.

세 번 연주하고 나니 날은 이미 저물었는데, 촛불을 대낮처럼 밝혀 놓고 다시 나를 중당(中堂)에 불러 서양 요리를 마련하고 반주 음악을 연주하니 매우 은근하였다. 식사를 마치자 궁내경이 잔을 들고 송하(頌賀)하면서, 내가 사신으로 온 일이 장차 잘 끝나고 행차를 위로하는 것이었다. 나와 여러 사람들이 모두 잔을 들고 답하기를,

"우리 사신이 귀국 서울에 도착하여 여러분들께 많은 수고를 끼쳤지만 이웃 나라와 의좋게 지내는 거동이었으니 어찌 감사하여 명심함을 이길 수 있겠습니까. 배를 타고 돌아갈 날이 멀지 않으니 도리어 섭섭함을 견딜 수 없습니다."

하고는, 그런 다음 외청(外廳)으로 나와 차를 마시고 공손히 인사하고 헤어졌다.

### 초10일

맑음. 휼은(卹銀, 위로금)을 갖추어 보내는 일로 외무성에 조회 하였다.

○ 예물(禮物)과 상사(賞賜)[98]의 일로 궁내경에게 서신을 보냈다.

○ 저녁에 청국 공사 여순재(黎純齋, 여서창)를 방문하였다.

대조선 특명전권 박영효는 조회합니다. 양력 7월 23일에 귀 변리공

---

**98** 상사(賞賜) : 상으로 금품을 줌.

사 하나부사 요시모토와 본국 전권대신 이유원(李裕元)이 인천부에서 정한 조약 가운데 제3관(款)에서, 귀국의 관리로 해를 당했거나 부상당한 자의 체휼은(體卹銀, 위로금) 5만 원을 귀국의 은화(銀貨) 5만 원으로 보내드리오니 살피신 뒤 거두어 조치하시기 바랍니다. 이에 서로 조회하오니 귀 성의 경께서는 사조(查照)하십시오. 조회(照會)가 잘 도착하기를 바람. 이상 대일본 외무경 이노우에 가오루 각하께 조회합니다.

개국 491년 11월 초9일.

곧장 아룁니다. 어제 각하께서 황지(皇旨)를 받들어, 보내주신 예물(禮物) 대도(大刀) 1구(口)와 순자(純子) 2권(卷), 금실로 수놓은 탁자보 1매(枚)를 본 대신이 삼가 이미 배령(拜領)하였기에 돌아가 정납(呈納)하겠습니다. 삼가 불선(不宣)하옵고, 날마다 복 되시기를 빕니다.

개국 491년 11월 초10일.
특명전권대신 박영효
일본 궁내경 도쿠다이지 사네노리 각하

다시 아룁니다. 황상께서 본 대신과 부사에게 각기 화병(花瓶) 1대(對)와 홍색 축면(紅色縮緬)·백색 축면 각 1필을 상사(賞賜)하시니, 공손히 또 배례하고 즉시 영수(領受)하였습니다. 모두 영광스럽고 감사한 마음을 이길 수가 없습니다.

## 11일

맑음. 우편선이 있어 장계(狀啓)를 작성하여 보냈다.

○ 기무처(機務處)에 서신을 보냈다.

○ 감결(甘結)[99]을 인천부에 발송하였다.

○ 저녁에 궁내경을 만나, 연회를 베풀어 준 것에 사례하였다.

올해 9월 11일에 병대(兵隊) 이은석(李殷石)이 졸업하고 돌아갈 때 국서(國書)를 전달한 이유는 이미 계로 작성하여 올렸거니와, 16일에 외무경 이노우에 가오루와 더불어 배상금의 일을 처리하여 기한을 10년으로 연장하고 21일 비준서를 교환하였습니다. 27일 외무경의 조회에 공사 하나부사 요시모토를 외무성 3등출사(三等出仕)로 보(補)하고, 외무대서기관 다케조에 신이치로를 변리공사로 충당하였다고 합니다. 휼은(恤銀, 위로금)을 갖추어 보상하는 방법은 이미 조획(措劃)하였습니다. 이달 초9일에 일본 황제께 하직 인사를 올렸고, 신 등은 장차 신임 공사 다케조에 신이치로와 함께 이달 17일에 비각선(飛脚船, 쾌속선)을 타고 떠날 계획이옵니다. 지금 인천으로 가는 우편선이 있다 듣고 여러 가지 연유를 우선 치계(馳啓)합니다.

### 기무처(機務處)로 보내는 서찰

전에 편지를 받고 기뻤습니다. 멀리서 살을 찌르는 듯한 추위에 모두 만복하심을 송축합니다. 생등(生等)은 모든 사건이 근일에 이미 결정되어, 이번 달 17일에 신임 공사 다케조에 신이치로와 비각선(飛脚船)을 함께 타고 요코하마를 출범하여 고베에서는 메이지마루로 바꿔 타서 이내 인천으로 향할 것입니다. 머지않아 뵙게 되오니 벌써부터 기쁘고도 기쁩니다.

---

**99** 감결(甘結) : 상급 관청에서 하급 관청에 보내던 공문.

지금 우편선으로 장차 본 사신이 처리한 각 절목을 장계로 작성하여 올립니다. 일본 사신 등을 접대하는 절차는 여러분들께서 각별히 신칙(申飭)[100]하시어 때가 왔을 때 몹시 군박(窘迫)함이 없도록 하시기 바랍니다. 모두 생략하고 불선합니다. 여러분들께서 같이 살펴 주시기 바랍니다.

임오년 11월 11일 박영효·김만식이 함께 아룀

### 인천부(仁川府) 감결(甘結)

지금 이 일본 우편선 샤료마루(社寮丸) 편에 장계 1통과 기무처에 아뢰는 서간 1통을 작성하여 보내니 도착 즉시 경기 감영(京畿監營)에 속히 보낼 것이며, 또한 송부한 물건은 따로 선주(船主)와 교환(交換)하는 표기(標記)가 있으니 모두 같이 송부한다. 이 배가 항구에 도착하기를 기다려 특별히 근간(謹幹)한 관리를 뽑아 빨리 가서 7장(張)의 표기(標記)를 그 배에 교부한 다음, 짐 부리는 수량에 따라 본부(本府, 인천부)의 관고(官庫)에 실어다 두고, 본 대신이 입국하는 날까지 기다려야 한다. 점검하는 교졸(校卒)[101]들은 혹시라도 유실 혹은 파손되는 폐단이 없도록 해야 함.

임오년 11월 11일.
재일본 도쿄 특명전권대신 겸 수신사 인(印)

---

**100** 신칙(申飭) : 단단히 타일러 조심함. 경계하여 다짐함.
**101** 교졸(校卒) : 군아(郡衙)에 딸렸던 장교(將校)와 나졸의 총칭(總稱).

## 12일

맑음. 외무경의 서신이 있었다.

서신으로 아뢸 것은, 귀국 참판 민영익 씨가 토산물인 홍삼과 접선 (摺扇)·청필(靑筆)을 진헌하고자 하는 뜻을 서신으로 보내 와서 즉시 진 헌하였더니, 그에 대한 보답으로 따로 포장한 도자기 화병 1대(對)와 홍· 백색의 축면(紅色縮緬) 2필을 그분께 하사하셨습니다. 그러니 살펴 받 으시고 그분께 교부해 주시기를 의뢰합니다. 삼가 그칩니다.

메이지 15년 12월 22일.

외무경 이노우에 가오루

대조선국 특명전권공사 박영효 각하

## 13일

맑음. 조회에 대한 외무경의 회답이 있었다.

○ 프랑스 공사가 서신을 보내어 본관(本館)에서 만나기를 청하였다. 【서력 25일 오전 11시이다.】 하나부사 3등출사가 와서 방문하고, 본가(本 家)에서 만나기를 청하였다. 【내일 낮 12시이다.】

서신으로 아뢸니다. 개국 491년 초9일자 귀 서신에서, 양력 7월 23일 에 변리공사 하나부사 요시모토와 본국 전권대신 이유원이 인천부에서 정한 약관 중 제3관에 의한, 우리나라 관리로 해를 입거나 부상당한 사람에 대한 체휼은(體恤銀, 위로금) 5만 원은, 이번 우리나라 은화(銀貨) 5만 원으로 정금은행(正金銀行)의 회표(匯票, 환어음)로 부쳐 왔으므로 해당 금액을 정히 수령하였습니다. 이에 회답합니다. 삼가 그칩니다.

대조선 특명전권대신 박영효 각하에게 조회합니다.

메이지 15년 12월 23일.

외무경 이노우에 가오루
대조선 특명전권대신 박영효 각하

(역한문 번역 생략)

## 14일

맑음. 프랑스 공사의 서신에 답하였다.

○ 오시(午時, 오전 11시~오후 1시)에 하나부사 3등출사의 집에 오찬을 하러 갔다.

○ 토산물(土産物)을 이하에 기록한 여러 사람들에게 나누어 보냈다.

외무경 이노우에 가오루 : 강화도 돗자리[沁席] 1립(立)·미선(尾扇) 5병(柄)·접선(摺扇) 10병(柄)·면주(綿紬) 5필.

외무대보 요시야 기요나리 : 위와 같음.

외무 3등출사 하나부사 요시모토 : 강화도 돗자리 1립(立)·미선(尾扇) 10병·접선 10병.

변리공사 다케조에 신이치로 : 위와 같음.

청국 공사 여서창 : 홍삼 1근·미선 5병·접선 10병·청심원(淸心元) 30알.

반접(伴接) 가사하라 쇼키쓰(笠原昌吉) : 토주(土紬)[102] 1필·미선 2병·접선 3병.

미와 호이치(三輪甫一) : 토주 1필·미선 2병·접선 3병·면주 3필.

이와타 마사유키(巖田眞行) : 토주 1필·미선 2병·접선 2병·면주 2필.

---

**102** 토주(土紬) : 바탕이 두껍고 빛이 누르스름한 명주의 한 가지.

하라 요시야(原吉也) : 위와 같음.

스미나가 슈조(住永瑃三) : 미선 2병·면주 3필.

고쿠분(國分)·시오카와(鹽川) 2인 : 미선 2병·면주 3필.

등외(等外) 등 3명 : 일금 30원(圓)·면주 3필.

순사(巡査) 6명 : 50원.

소사(小使) 3명 : 30원.

급사(給仕) 5명 : 50원.

회방(賄方)[103] 1명 : 20원.

요리(料理) 3명 : 15원.

하동(下働)[104] 1명 : 5원.

인족(人足)[105] 2명 : 10원.

어자(馭者)[106] 1명 : 30원.

마차구종(馬車驅從) : 20원.

엔료칸속(延遼館屬) : 40원.

나카무라 지로(中村冶郎) : 미선 2매(枚)·접선 3병(柄)·토주 1필.

오쿠야마 이와오(奧山巖) : 미선 1병·접선 2병·면주 1필.

다이와 쇼타로(太和鎗次郎) : 미선 1병·접선 2병·면주 1필.

세이쇼지(靑松寺)의 사중(社中) : 일금 30원.

주지(主持) 기타노 겐포(中野元峯) : 미선 2병·접선 3병·면주 1필.

---

**103** 회방(賄方) : 식사를 준비하는 사람.
**104** 하동(下働) : 허드렛일을 하는 사람.
**105** 인족(人足) : 막일을 하는 노동자.
**106** 어자(馭者) : 마차를 부리는 사람.

## 15일

흐리고 밤에는 비. 외무경에게 답서를 보냈다.

○ 오시에 프랑스 공사관으로 가서 오찬을 하였다.

삼가 회답합니다. 귀 서신을 받고, 각하께서 황제의 뜻을 받들어 참판 민영익에게 따로 포장한 도자기 화병 1대와 홍·백색의 축면(紅色縮緬) 2필을 상사(賞賜)하심을 알았으니 삼가 마땅히 교부하겠습니다. 귀 황상의 두터운 은혜가 이같이 세심하심을 생각하면 본 대신도 이미 감사하고 황공함을 이길 수가 없는데, 민군(閔君, 민영익)의 영광스러움은 또 어떻겠습니까. 삼가 이에 불선(不宣)하옵고 날마다 복 되심을 송축합니다.

개국 491년 11월 15일.

특명전권대신 박영효

일본 외무경 이노우에 가오루 각하

같은 날, 요시아키 친왕(嘉彰親王)·사다나루 친왕(貞愛親王)·요시히사 친왕(能久親王), 산조(三條) 태정대신·이와쿠라(岩倉) 우대신·오키(大木) 사법경·야마가타(山縣) 의장·사이고(西鄉) 농상무경·이노우에(井上) 외무경·야마다(山田) 내무경·마쓰카타(松方) 대장경·오야마(大山) 육군경·가와무라(川村) 해군경·후쿠오카(福岡) 문부경·사사키(佐佐木) 공부경·구로다(黑田) 내각고문·사노(佐野) 원로원 의장·도쿠다이지(德大寺) 궁내경·나베시마(鍋島) 식부두·가바야마(樺山) 경시총감·요시다(吉田) 외무대보·시오다(鹽田) 외무소보·하나부사(花房) 3등출사·요시카와(芳川) 도쿄부 지사·나가오카(長岡) 원로원 의장·니레(仁禮) 해군소장·다카시마(高島) 육군소장·오자와(少澤) 중장·소 시게마사(宗重正) 소장·미국 공사·벨기에 공사·청국 공사·프랑스 공사·네덜란드 공사·러시아 공사·이탈리아 공사·독일 공사·영국 공사에게 작별 인사를 하였다.

○ 그저께부터 성내의 길거리가 빼곡하게 시장을 열고 아침부터 밤까지 계속 수세(守歲)[107]하러 밤새 등불을 밝히니 사람들이 모두 미친 것 같았는데, 이는 대개 서양 풍속을 흉내 내어 그런 것이다.

### 16일

맑음. 영국 공사와 영국 병학교(英國兵學校) 교사 왕당(旺當)과 영국 서기관 사도(査道, E. Satow)가 모두 와서 작별하였다.

○ 해군경 가와무라 스미요시(川村純義)와 후쿠자와 유키치(福澤諭吉)가 와서 작별하였다.

○ 김양한(金亮漢)이 홋카이도(北海道)에서 돌아왔다.

### 17일

흐리고 추움. 김양한의 일로 해군경 가와무라 스미요시에게 서신을 보냈다.

○ 태정대신 산조 사네토미가 와서 작별인사를 하였다.

○ 외무경이 생도 조처에 대한 답신을 보냈다.

○ 육군경 오야마 이와오·3등출사 하나부사 요시모토· 부서기(附書記) 사이토 슈이치로(齋藤脩一郞)가 모두 와서 송별하였다.

○ 외무경은 화병 1대(對)·도기 1개·연초(煙草) 2상자로 전별하고,

---

**107** 수세(守歲) : 음력 섣달 그믐날 밤에 집 안 구석구석에 등불을 밝히고 밤을 새우는 일. 또는 그런 풍습.

대보는 화병 1대(對)·과자(菓子) 1개·권련초(卷煙草) 1천 본(本)으로 전별하고, 3등출사는 술잔 12상자로 전별하였으니, 모두에게 즉시 감사인사를 썼다.【여러 가지 진귀한 하사품을 받고는 너무도 부끄럽습니다. ○ 세 편지 모두 같음.】

○ 외무경이 인천 개항의 일로 서신을 보냈다.

○ 해군경의 답신이 있었다.

곧장 아룁니다. 생도 김양한(金亮漢)이 항해할 때 쓸 지폐 1천 원을 귀 해군성에 보내드립니다. 바라옵기는 각하께서 요코스카 조선소(橫須賀造船所)로 보내어 여러 비용에 수시로 지급해 주시기를 원합니다. 또한 그 부지런하고 게으른 것을 각하께서 때때로 독려하고 꾸중하시어 졸업할 수 있도록 해주시면 천만번 감사하겠습니다. 매월 쓰는 돈을 정하는 것은, 이곳에 머무르고 있는 우리나라 조사(朝士)들과 의논하겠습니다. 이만 그치고 날마다 복되시길 송축합니다.

대조선 개국 491년 11월 17일.

특명전권대신 박영효

대일본 해군경 가와무라 스미요시 각하

바로 답합니다. 전에 기원(紀元) 491년 9월 21일과 11월 초6일 등에 접수한 서신에서, 본 학교 생도를 고루 말하시고 각종 기술을 가르쳐줄 수 있는지 물으셨는데 모두 이미 잘 알고 있습니다. 그 사정을 장차 육군성과 문부·농상무·공부 등 각성에 조회한 다음에 각 성의 회답을 받아보니 모두 거리낌이 없다고 하였기에, 전에 왔던 서신에 상응(相應)하여 알리고 조회하오니, 학습에 관한 모든 일은 본성의 담당자에게 가서 청하시면 논의할 수 있을 것입니다. 다만 육군성에서 몇 마디 하길, 사관학교에서는 두발과 의복은 반드시 여러 생도들과 같도록 모두 따라야 하는데 그렇지 않으면 수업 중에 여러 불편한 점이 많다고 전부터 말하였으니 아울러 잘 알아주시길 요청합니다. 11월 초6일에 온 서신에서, 말미에 윤치호(尹致昊)는 본래 농학교에 소속되기를 청하였는데 지금은 영어를 배우려고 바꾸었고, 김동억(金東億)은 마침 사고가 있어 지금은 귀국하려고 한다는 등의 각 사정 또한 이미 자세히 알고 있으니 각 해당 성에 통보하여 알리도록 하겠습니다. 오로지 이같이 회답하여 알립니다. 날마다 복 되심을 송축합니다.

메이지 15년 12월 27일.

일본 외무경 이노우에 가오루

조선 특명전권대신 박영효 각하


서신으로 드릴 말씀은, 인천 개항의 건은 귀국의 소요(騷擾) 때문에 연기되고 있었던 바, 오는 메이지(明治) 16년 1월 1일부터 우리 인민들이 도항하여 통상할 것이오니 이에 알려드립니다. 이만 그칩니다.

메이지 15년 12월 27일.

외무경 이노우에 가오루

조선 특명전권공사 박영효 각하


답할 것은, 차송(差送)한 귀국 생도 김양한이 항해술을 배우기 위하여 쓸 지폐 1천 원(圓)은 지금 수령하였습니다. 아울러 월사금(月謝金)의 작정과 부지런함과 게으름을 독려하고 꾸짖는 것은 우리 조정과 귀 사신께서 말씀하신 대로 모두 응할 것입니다. 그리고 지급하는 금액 또한 때때로 보고할 것이니 헤아려 주시길 바랍니다. 오로지 이처럼 그치며 내내 복되시기를 빕니다.

메이지 15년 12월 27일.

대일본 해군경 가와무라 스미요시

대조선 특명전권공사 박영효 각하

### 18일

맑음. 와타나베 히로모토(渡邊洪基)와 야마가타 아리토모(山縣有朋)
가 와서 작별하였다.

○ 사시(巳時, 오전 9시~11시)에 행장을 꾸려 정거장으로 나갔다. 식부
두(式部頭)와 권두(權頭), 이탈리아 공사 난사열사(蘭士烈士, R.Martin
Lanciarez)·공부경 사사키 다카유키(佐佐木高行)·공부 대서기관 야스
카와 시게나리(安川繁成)[108]가 모두 송별하였다. 기차를 타고 요코하마
(橫濱)에 도착했다. 네덜란드·스페인·벨기에 삼국의 공사를 방문하여
작별 인사를 하고 곧 수사영(水師營)으로 갔다. 하나부사 3등출사·이
노우에 외무경·도쿄부 지사(東京府知事)·나가사키 현령(長崎縣令)·가
나가와 현령(神奈川縣令)·네덜란드 공사가 모두 와서 전송하였다. 궁내
성에서 점심을 접대하였다. 오후 4시에 배를 탔는데, 배 이름은 나고야
마루(名護屋丸)였다. 【비각화륜(飛脚火輪, 쾌속 화륜선)이다.】 승선(承宣)
김옥균과 종사관 서광범이 이미 칙명을 받고 뒤에 떨어져 있는데, 모두
가 배 위에 와서 송별하려니 물길이 갈라지는 것처럼 힘들었다. 하나부
사 3등출사도 배 위에서 송별하고, 잠시 후에 다케조에 공사가 오니

---

108 야쓰카와 시게나리(安川繁成) : 1839~1906. 메이지기의 관료, 정치가. 중의원의원.
정3위 훈3등 서보장(瑞宝章).

이내 닻을 올렸다. 밤이 되자 풍랑이 조금 있었다.

### 19일

맑음. 바람은 고요하고 물결은 잠잠하였다.

### 20일

묘시(卯時, 오후 5시~7시)에 배가 고베항에 정박하여 니시무라야(西村屋)에서 쉬었는데, 점주는 예전의 짧은 인연으로 나와 매우 기쁘게 맞아주었다.

○ 토산물 몇 가지를 나고야마루 함장(艦長)에게 보냈다.

○ 영국 영사 애스턴과 메이지마루 함장이 와서 만났다.

### 21일

맑음. 영국 영사 애스턴에게 가서 작별하였다.

○ 오후 10시에 다케조에 공사와 함께 메이지마루로 바꾸어 탔다.

### 22일

맑음. 오전 4시에 닻을 올렸다.

### 23일

맑음. 바람이 거세어 닻을 멈추었다.

### 24일

맑음. 오후 4시에 배가 아카마가세키에 정박하니, 운미(민영익)와 여러 사람들이 오랫동안 기다리고 있었다. 겟파로(月波樓)에 내려가서 기쁘게 만났다.

### 25일

맑음. 오전 8시에 배에 올라 이내 닻을 올렸다.

### 26일

맑음. 풍랑이 크게 일고 흔들리고 요동쳐 평온하지 못하였다.

### 27일

맑음. 오후 2시에 배가 제물포에 정박하였다. 고국의 푸른 산을 바라보니 기쁘고 상쾌함을 이길 수 없었다. 때는 엄동(嚴冬)이니, 기후가 일본과 크게 달랐다. 산판선(舢板船)을 타고 화도진(花島鎭)에 내렸더니 집의 중형(仲兄)과 친구들이 모두 며칠 동안을 머무르며 기다리고 있었다. 서로 기쁘게 만났다. 저물녘에 인천부에 들어가 유숙하였다.

○ 바다를 건너온 장계(渡海狀啓)를 작성하여 올렸다.

○ 다케조에 공사에게 서신을 보냈다.

이번 달 12일에, 일본 우편선이, 신 등과 일본의 신임 공사 다케조에 신이치로와 함께 이번 달 17일 발선한 사유는 이미 아뢰었거니와 선편의 착오로 비로소 28일 신시(申時)에 나고야마루(名護屋丸)를 타고 출발하여 20일 묘시(卯時)에 고베항에 정박하였고, 22일 진시(辰時)에 메이지마루로 갈아타고 27일 미시(未時)에 인천부 제물포에 도착하여 정박하였사온바, 종사관 서광범은 거듭 명이 있다 하여 일본 도쿄에 머물고 있사옵고, 신 등은 내일에 복명하겠사오며, 공사 다케조에 신이치로는 모레

도성(都城)에 들어온다 운운하기에 이 연유를 우선 치계(馳啓)합니다.

곧장 아룁니다. 본대신이 귀국 사람 우시바 다쿠조(牛場卓造)·이노우에 가쿠고로(井上角五郎)·다카하시 마사노부(高僑正信)·마쓰오 미요타로(松尾三代太郎)·사나다 겐조(眞田謙藏)·미와 고조(三輪廣藏)·혼다 기요타로(本多淸太郎) 이상 7인을 고용하고 왔으니 귀 영사관에 통지하는 것이 좋겠습니다. 불선하고 날마다 복이 있으시길 빕니다.

대조선 개국 491년 11월 27일.

특명전권대신 박영효

대일본 변리공사 다케조에 신이치로 각하

## 28일

맑음. 묘시(卯時)경에 경성(京城)을 향하여 출발했다. 오리점(梧里店)에 도착하여 점심을 하고, 유시(酉時)에 대궐에 이르러 해시(亥時)에 승지가 복명하니 상감께서 위문하시고 주대(奏對)를 마쳤다. 축시 정각(丑正, 새벽 2시)에 집으로 돌아왔다. 사화기략(使和記略) 끝.

# 使和記略

　大朝鮮開國四百九十一年, 上之卽阼, 十有九載, 壬午七月二十五日, 伏承特命全權大臣兼修信使之銜, 使奉國書, 聘日本, 臣謹按是役也, 因六月軍變, 日本動兵, 改定續約之後, 一爲換批, 一爲修信而行也, 自承是任, 夙夜懷越, 將未知何所克當也。

## 八月初一日

　詣闕膺命, 上引見切諭, 恩旨感激, 仰全權副官兼修信副使金承旨晚植, 從事官徐注書光範, 一時辭陛, 申刻奉國書及禮幣, 出崇禮門, 知舊咸出郊贈言, 難禁去國之悰, 金校理玉均, 亦於是役, 奉上密諭, 同向日本東京, 大慰飲氷之懷也, 酉刻, 從行人及隨員柳赫魯, 朴齊絅, 李福煥, 金裕定, 邊燧, 邊錫胤, 金龍鉉, 從者金鳳均, 曺漢承, 朴永俊, 一齊登程, 亥刻, 抵富平石川五十里, 訪戚人徐氏相寔宅, 點心小憩。

## 初九日

　晴, 寅正發程, 辰刻抵仁川濟物浦三十里, 日本兵壘, 尙未盡撤, 辦理公使花房義質接見, 卽有幹往南陽海岸, 約以晚天晤會于南洋而去, 少頃, 花島別將, 供午飯, 飯訖, 高雄謙三, 請上舢板船, 修上發程狀啓, 齊向日本船, 船名明治丸也, 登舵樓, 閔參判泳翊 已到船中, 欣握, 船

製靈妙莊嚴, 船長饋西洋料理, 未正擧錨, 酉初, 到南洋前洋五里下碇,
開信砲一聲, 所以待花房公使也。狀啓原文。

## 初十日
微雨, 卯刻, 花房公使, 乘汽船來會, 卯正, 啓輪, 回望漢上諸山, 有
若顰翠送人, 盡日風靜波恬, 如行鏡中, 不知涉海之勞矣。

## 十一日
晴, 午後風緊, 一行多有嘔吐者。

## 十二日
晴, 寅正抵赤馬關, 是長門洲界也, 自仁川濟物浦至馬關, 合爲二百
六十里。日本十里爲朝鮮八十里假量, 從仁川, 針指午位, 一直至務安
獨島, 又自獨島, 差向卯位, 船行興陽, 濟州之間, 復又歷對馬島而至馬
關, 山川秀媚, 有舟楫樓觀之勝, 與諸行人及花房公使上岸, 乘人力車,
入風月樓歇下, 主人供午饌, 甚精潔, 樓在岸腰, 前臨平湖, 下瞰萬井,
管絃梵唄, 相和於烟雲竹樹之間, 俗尙好設層樓複閣, 藤床竹簟, 潔無
纖塵, 奇卉異葩, 曲砌假山, 位置天然, 洵可愛也, 更觀傍樓, 有冶遊郎,
招妓傳觴, 拖長裾, 束廣綏, 凝鬟雲, 抵鬢影, 飄然若霓裳羽衣之舞, 抱
三絃琴, 彈以牙撥, 音似伽倻古典, 唱歌數闋, 淸越可聽, 酉刻, 赤間關
區長遠藤貞一郎, 邀花房公使及本使於公苑, 設燈戲, 民家各懸國旗,
岸上波心, 齊放紅日燈, 如萬里燦爛, 開祝礮十餘聲, 所以賀兩國行成
之意也, 海軍少將仁禮景範, 水軍諸將佐齊至, 勞余及花房公使, 酒進,
藝妓數十, 拂絃度曲, 曳裾呈舞, 有遊龍驚鴻之態, 宴撤, 歸風月樓, 雨
下如注, 促歸船上, 夜已十時矣。

## 十三日

晴, 卯正擧錨, 船行兩峽之間, 北狹周防, 安藝, 備後, 備中, 播磨, 備前六州界, 南狹豐前, 伊豫, 讚岐三州界, 島嶼點綴波面, 嵐翠襲人, 樓臺璀璨, 湖山濃淡, 極應接不暇之勝。

## 十四日

晴, 寅正抵神戶, 是兵庫縣也, 澹路州作兵庫門戶, 開港以神戶名焉, 自馬關至神戶爲一百一十里【日本里】。比馬關, 雄闊壯麗, 不啻信篨, 得背山控海之勢, 辰刻, 乘小輪船下陸, 到西村屋歇下, 登樓憑眺, 撲地閭閻, 西勢居多, 裙影屐聲, 古雅翩翩, 殆怡人目而滌旅懷也, 少頃, 兵庫縣令森岡昌純來見, 話罷, 縣令向傳語官曰, 弊縣, 今夕爲花房公使, 設小酌, 貴大人, 如無公務第圖邀屈, 與同兩國之歡云, 因辭去, 酉刻, 縣令果邀請, 余與副使, 有病未赴, 從事官徐緯山, 隨員柳赫魯, 金裕定, 邊錫胤赴會, 以謝主人速客之意, 戌刻, 觀燈戲而還, 具言花房公使之母夫人, 來參宴會, 年可七十餘云, 蓋神戶民人, 賀兩國行成之喜也, 通宵放燈, 大設槍戲, 士女熱鬧雜踏, 不料此中有如此繁華靈淑風氣也, 凝眸憮然者久矣。

○曩日, 日本動兵之際, 擊劍之徒, 稱以義兵, 不日而聚至萬餘, 鳩金出餉, 一戰爲榮, 以日廷不許, 皆怏怏而散云, 聞之寒心, 觀我邦民氣柔懦, 未曾見敵愾之風, 深有愧焉。

○新製國旗懸寅樓, 旗竿白質而縱方, 長不及廣五分之二, 主心畫太極, 塡以靑紅, 四隅畫乾坤坎离四卦, 曾有受命於上也。

## 十五日

晴, 未刻, 偕副使, 往見森岡昌純曰, 俺本薩州人也, 薩人素稱勁悍, 民論固執鎖港, 俺亦主論中一人也, 世務日變, 政裁超新, 昔日嫉視之

西人, 豈料肘腋之逼處, 朝夕之與俱, 而維新, 將近廿稔, 民志尚患梗
滯, 如貴國向日之援, 固是料中事也, 願貴國鑑於弊邦, 務使有條理, 不
可因噎廢食, 且曰, 貴國現經理不敷, 不得不大開礦務, 而亦須知其未
得良法, 則每見求益反損之道也, 娓娓數百言, 井井有據, 披露無隱, 可
知有心人也, 移時歸寓樓。

○戌刻, 聞花房公使, 坐明治丸向橫濱, 先遣柳赫魯, 金龍鉉, 金錫
胤, 李福煥及生徒朴容宏, 朴命和, 從者曺溪承, 往橫濱等候。

### 十六日
晴, 英國領事官阿須敦, 比利時代理來見。

### 十七日
晴, 英國領事官來見。

### 十八日
微陰, 德國領事官來見, 英國領事官, 同妻致函請晤【二十日晚餐】。

### 十九日
雨, 訪英、美、德領事官, 幷回謝。

### 二十日
雨, 夕偕副使, 從事官, 古愚, 訪英領事官晤話。

### 二十一日
晴, 偕副使往寫眞館照影。
○未刻訪比利時領事官回謝。

○兵庫縣令及英領事官來見。

## 二十二日

晴, 往別英領官。

○午刻偕副使訪古愚於溫井浴室。

○觀瀑布。

○釜山船便修上狀啓。

折衝將軍行龍驤衛副護軍全權副官兼修信副使【臣】金, 上輔國崇祿大夫特命全權大臣兼修信使【臣】朴, 本月初九日巽時量。自仁川府濟物浦, 發船之由, 已爲登聞爲白有在果, 當日留碇, 止宿于南陽外洋是白如可, 翌朝行船, 至十二日巳時量, 到日本赤馬關下碇, 【臣】等一行, 下陸少憩, 戌時量, 復啓輪, 十四日卯時量, 至神戶下陸, 仍爲止宿于店舍, 待汽船未到, 發向東京計料爲白乎旀, 本國國旗新製事, 旣有處分, 故今已造就大中小旗三本, 而其小旗一本, 上送緣由, 馳啓爲白臥乎事, 是良爾詮次, 善啓向敎是事。

開國四百九十一年壬午八月二十二日午時。

特命全權大臣兼修信使朴泳孝爲相彥事, 今有時急啓聞事, 修啓以送, 而啓本一度幷機務處所去, 書簡一封, 信付于船便, 到卽星火迅撥, 罔夜馳上, 毋或遲誤爲旀, 機務處回信, 到卽定伶俐通事, 覓船便來納于日本東京本大臣所駐館宜當向事, 合行移關請。

右關

東萊府使

開國四百九十一年壬午八月二十二日准此。

特命全權大臣 朴 押

送機務處書

國旗標式, 在明治丸中, 與英領事阿須敦議到, 則伊言該船船長英人, 周行四海, 櫝識各國旗號, 又各色分別遠近異同, 均能洞知云, 故與之商議, 則太極八卦之式特別出色, 然八卦分布, 頗覺稠雜不明, 且於各國之仿製, 甚不便易, 只用四卦, 劃之四角, 則更佳云, 又言外國國旗外, 必有君主之旗標, 蓋仿樣於國旗, 而設采設紋, 繁鮮最好云, 國旗大中小各一本, 使該船長裁製, 小一本, 今修啓上送, 二十一, 上, 旗號, 太極中居, 八卦拱布于旗之邊幅恐好, 質則專用紅色, 似屬鮮明也, 旣與各國通好之後, 凡出使者, 禮不得無國旗, 爲遇有各港口各兵艦, 載礮六門以上者, 則必有祝礮以禮待之, 伊時當揭該國使臣國旗而別之, 又遇有約各國各等慶節, 有懸旗相賀之禮, 各國公使相會, 以國旗表坐次, 均此各件, 闕不得製帶國旗, 而英、美、德、日各國均請仿畫而去, 此係布明於天下者也, 詳細上達, 爲仰。乘明治丸, 到赤馬關該處官民, 賀兩國和議更成, 說燈綵于公苑, 大開宴席而邀之, 故赴會, 士商官民, 雜遝幷臻, 替手盃酌, 賀語津津, 其國俗, 頗有可觀, 夜闌對岸, 槍戲大作, 彌空遍海, 盡是錦繡, 亦足以暢快夜眺, 及到神戶, 其人戶之繁, 商旅之盛, 十倍於馬關, 而又有慶賀會, 適患眩未赴耳, 明治丸, 再昨駛還東京, 爲一行, 多患水疾, 姑住幾日, 以俟飛脚船便, 而外務卿井上馨, 來留於此, 可同船向東京云, 其言之勤勤, 略有另錄, 望諸公深商而明白稟達, 速有回音焉。

與井上馨談抄

井上馨問, 貴大臣全權, 係是何事, 以兩件事答之, 伊又言, 我朝廷向來專爲稅則一事, 使花房公使到貴京辦理, 事未告竣, 貴國變亂起, 固屬兩國不幸, 而今和局更成, 貴主上特命全權到此, 此誠兩國人民之攢手, 天下萬國之延頸之待者也, 今全權之只有塡補, 換約二件, 實屬貽

笑天下, 且稅則一款, 是貴國最急務也, 據花房所言, 大節均已歸正, 小
目亦有就緖云, 今貴大臣之來, 若又不能證定, 則非獨爲貴國吃虧不少,
日本政府之取謗於天下久矣, 蓋貴國之持疑不決者, 以爲收稅之事, 未
能洞察利害, 而恐被日本之見欺而已也, 假使弊國, 眞有此不公之意, 爲
貴國又有失者多矣, 爲不慣於稅事, 見虧於人, 通商幾年, 未收一角之
稅, 其利害又何居, 且欲洞識稅關一事, 亟宜定稅照收, 以增閱歷而得
實驗也, 此所以敝國數十年來, 今如覺得其利害原委, 方擬改約于各國
者也, 其所謂征稅一節, 雖西人之博學多識者, 如未經海關之任, 終不
明知其利害, 況貴國未曾與各國通商者乎, 今有一言可以衷告, 望貴大
臣, 急卽報達于貴朝廷, 日本國有外務卿井上馨者, 言稅則之大節目, 一
依貴國與歐米三國定額爲準, 至於細目, 亦番公平安議, 期速征收, 以
補經用之萬一, 此誠日本政府之公議也, 唯改稅約年限, 促期議定, 則
施行之利弊, 亦可隨時而矯整, 又如貴國與各國定稅後, 日本約款, 有
未平允之案件, 亦任貴國更議而革之, 愚衷所論, 一至於此, 而貴朝廷
猶有不決, 亦未敢知也云云, 反復申申, 殆不可盡記, 而旣有彼言之如
此, 不可無據實仰報, 玆具略錄, 望須諸公, 深商稟定, 如以及今照定爲
重, 則須卽商確大小, 幷原約案, 付之來府爲可, 又若有仁港船便之速
來者, 順付亦可, 只貴火速安議而回敎耳.


## 二十三日

晴, 辰正, 乘汽車, 自神戶向大津, 還過西京, 西京府知事, 送一等屬
官, 迎接支供.


## 二十四日

陰, 周覽西京諸處.

## 二十五日

雨, 回路到大阪, 大阪府知事, 遣少書記官及一等屬官, 迎接支供, 觀製銅, 製器等廠及砲兵工廠。

## 二十六日

陰, 往陣臺, 觀鍊兵, 又玩造幣局, 還至淸華樓, 金校理, 徐從事官來到, 午後五時, 自大阪還至神戶, 兵庫縣令送馬車至鐵道場。

## 二十七日

晴, 偕副使金校理, 徐從事官, 往寫眞局照影。

## 二十八日

晴, 往別兵庫縣令, 不遇。

## 二十九日

朝晴晚陰, 兵庫縣令來別,

○午後一時一行出茅渟, 乘東京丸【明輪飛脚】井上馨與俱, 八時擧錨, 微有風濤, 比曉雨灑, 風浪大作, 不得行船, 入由浪浦口, 下碇。

## 三十日

朝雨晚晴, 風勢一向, 未得行船, 與井上馨相見。

## 九月初一日

陰, 丑正行船, 風不止, 過遠江灘, 一行嘔臥不起。

## 初二日

晚晴, 午後四時, 到泊橫濱.【自神戶至橫濱爲】自外務省, 已備出張所, 公使花房義質, 外務大書記官竹添進一郎, 以迎接次出待, 暫歇于今村店, 戌刻, 出停車場, 乘汽車, 向東京, 一時間, 抵靑松寺歇下, 寺製, 深宏闊, 池臺園林, 幽邃可愛, 宮內省, 供一應支辦, 頗見懇懃, 外務大書記官竹添進一郎及奏任御用掛笠原昌吉, 一等屬三輪甫一, 六等屬巖田眞行, 十等屬原吉也, 判任御用掛住永琇三外一等安保一淸, 千賀方利, 小野勝義, 語學生徒國分象太郎, 伴接聽候, 上副使及從事官, 各定一室, 隨員共會一大室, 又另有內外客廳, 俱鋪花氍毹, 館門內設巡査卡, 徹夜把守, 茶菓燈燭之費, 巾櫛沐盥之具, 纖悉俱備, 每日供飯三食, 豐以潔.

○以抵京事, 照會於外務省.

大朝鮮特命全權大臣兼修信使朴泳孝爲照會, 照得 本大臣, 奉特命全權大臣之任, 與全權副官金晩植, 從事官徐光範, 隨員柳赫魯, 李福煥, 朴齊絅, 金裕定, 邊燧, 金龍鉉, 邊錫胤, 從者金鳳均, 曹漢承, 朴永俊, 今於八月初九日, 由本國啓行, 本月初二日, 抵到貴京, 相應照會, 貴卿查照可也, 須至照會者.

右照會大日本外務卿井上

開國四百九十一年九月初二日

## 初三日

晴, 解困徜徉.

## 初四日

晴, 致書于外務卿.

○外務卿覆書來.

逕啓者, 卽惟, 崇候介寧, 頌祝, 本大臣卸航之日, 宜卽造晤, 奈緣風濤爲苦, 薄添微疴, 延竚有日, 歉愧殊深, 擬於明日午後一點鍾, 趨候貴省, 玆先奉函, 仍候回音, 順頌日祉, 不宣。

壬午九月初四日
朝鮮特命全權大臣朴泳孝。
日本外務卿井上馨閣下

逕復者, 接誦函示, 藉悉閣下, 貴曆九月初五日午後一點鍾, 枉賀過我, 屆時謹當在省, 拱候尊荖臨波之苦, 想不竟日而峀復, 順頌日祉。

明治十五年十月十六日
外務卿井上馨。
朴泳孝閣下

## 初五日

晴, 午後二時, 偕副使, 從事官及隨行員李福煥, 金裕定, 乘馬車往外務省, 大書記官竹添進一郎, 延入客廳, 設交椅於圓卓四圍坐, 少頃, 花房公使入揖, 復少頃, 外務大員七人, 次第入揖, 外務卿井上馨, 大輔吉田淸成, 少輔鹽田三郎, 公使花房義質, 就主位以次坐, 余與副使從事官, 就客位以次坐, 大書記官竹添進一郎, 權大書記官光妙寺三郎, 小書記齋藤修一郎, 權小書記赤羽四郎, 設椅於卿後而坐, 兩隨員設椅於余後以坐, 三等屬傳語官淺山顯三, 立於卿側, 寒宣畢, 卿曰, 航海諸節, 得無勞苦乎。答曰, 幸免大恙。我曰, 頃者, 弊邦民變, 實屬夢外, 旋卽行成, 嫌苶頓釋, 交際益密, 可謂萬幸也, 卿曰, 因此而交誼益敦, 深爲慶賀, 余因出示全權字據草本於卿, 從事官傳書契於余, 余轉致於卿, 卿以下輪看, 卿曰, 今覽貴書契, 從此交際, 了無疑帶矣。余曰, 今奉國書而來, 陞見日時, 幸趁速質定焉, 因傳國書謄本於卿, 卿以下諸員

覽畢, 卿曰, 明日是國祭, 日間當稟達朝廷通報矣, 余乃出示陛見時頌
辭抄本, 因辭別肅揖, 歷訪外務卿於官宅, 投三使名帖而還。○申刻,
外務卿井上馨, 到衙來謝, 延入客廳, 敍畢, 我曰, 呈國書時, 禮次圖式,
請書示。卿曰, 第當如敎矣。因辭去。


### 全權字據

大朝鮮國大王, 派上輔國錦陵尉朴泳孝, 爲特命全權大臣, 龍驤衛副
護軍金晚植爲全權副官, 前往日本, 進呈國書, 幷與大日本國大皇帝或
太政府大臣, 批准續約, 兼辦塡補事宜, 申締友誼, 永保和好, 卿等均忠
勤醇謹, 必能辦理妥協也, 此諭於開國四百九十一年初八日, 在漢陽都
城, 用寶著卿, 執爲的確憑據。


### 書契

謹玆照會者, 弊邦六月初十日軍亂, 寔古今所未有之變也, 伊時倉皇
急據, 未及專函, 玆另陳梗槩, 以佈同患共憤之意, 仍念變亂甫定, 款
好宜函, 現有弊邦, 朝命派特命全權大臣兼修信使錦陵尉朴泳孝, 全權
副官兼修信副使金晚植, 從事官副正字徐光範, 專往貴國, 辦理交際,
未盡事宜, 自可酌量妥協, 望貴朝廷, 誠信相孚, 克竣和務, 無任翹企,
敬頌台安。另具者弊邦與貴國, 素敦友好, 自頃以來, 尤有輔車脣齒之
勢, 庶保彼此和輯, 永遠晏謐, 詎意變生不虞, 亂逆闖發, 飆起蜂轂, 豕
突宮闈, 致弊邦王妃, 潛御私次, 輔臣近臣, 同時被害, 至貴國使館被
燹, 敎師遭戕, 無辜非命, 幷罹慘酷, 此古今所未有之禍亂也, 皆敝邦臣
僚, 不能贊襄朝命, 綏請邦務, 以至於斯, 無面可顯, 何幸貴國, 不念玆
滯, 惟重驩好, 重派公使, 不日屆境, 復申款約, 此實兩國不幸之幸, 弊
邦, 始惡終感, 深認貴國善隣至意, 不知所云, 凶徒鄭完隣等十一人, 先
已拏獲正法, 繼捕孫順吉等三人, 卽行梟示, 李辰學等三人, 情犯差輕,

并嚴刑遠流, 此在敝邦刑典, 所不容逭, 并同貴公使, 酌議公允, 如律懲
辦, 永示鑑戒, 仍布諭中外, 俾悉聞知, 從玆冀臻大和, 共保休福, 并望
貴朝廷, 諒詧。

### 初六日
雨, 外務卿, 致陛見照會。

以書簡致啓上候陳ハ閣下御國書奉呈ノ爲メ我皇帝陛下ヘ謁見ノ儀
節請求ニ依リ我皇帝陛下ヘ逐奏聞候處來ル十九日午後第二時閣下ヲ
御迎見可被遊旨被仰出候條其日時御參內有之度候此段得貴意候。敬具。

> 明治十五年十月十七日
> 大日本外務卿井上馨印
> 大朝鮮特命全權公使朴泳孝閣下


譯

大日本外務卿井上, 照會事, 照得, 貴大臣, 爲呈遞國書, 請覲我皇帝
陛下一節, 當經奏達宸聽, 玆奉上諭, 准於本月十九日午後二點鍾, 接
見閣下, 欽此相應照會, 貴大臣, 遵照, 屆其日時詣宮可也, 須至照會
者。右照會大朝鮮特命全權大臣朴明治十五年十月十七日

### 初七日
雨, 送答照會于外務省。

○先送國書中另具禮物於外務省。

○外務大輔吉田淸成, 少輔鹽田三郎卽來見。

○戌刻外務卿送來書函。

○文部卿福岡孝弟致函。

○答井上外務卿信函。

大朝鮮特命全權大臣, 朴爲照覆事, 准貴省卿照會內, 稱本大臣, 爲呈遞國書, 請勤見皇帝陛下一節, 已經奉達, 准於貴曆本月十九日午後二點鍾, 接見相應照會等因, 前來來, 本大臣, 謹已拜領, 仍當屆期詣宮, 親爲進呈, 貴省卿, 查照可也, 須至照會者。

右照會大日本外務卿井上<br>開國四百九十一年九月初七日

禮物四種【國書中另具者】
麗史提綱一部【二十三冊】
高麗磁器一事
銀盤床一具【十九件】
沁産紋席【十立】
用表微儀, 尙冀鑑納。

本月廿八日一ツ橋外東京大學二於テ卒業生卽學位記授與式擧行候二付同日午後四時三十分同學へ請御來臨候也。

明治十五年十月十八日<br>日本文部卿福岡孝弟<br>朝鮮國使節朴泳孝閣下

【追而式場ノ都合有之候二付隨員一二名ヲ限リ御相連相成度御來臨ノ有無來ル二十五日迄二御報有之度候也。】

以書簡致啓上候陳ハ來ル十九日閣下我皇帝陛下謁見へ被仰付候節右御序ヲ以テ閔泳翊金玉均ノ兩氏へ御傳達ノ上閣下參內ノ節御同伴相成度此段得貴意候敬具。

明治十五年十月十八日

大日本外務卿井上馨<br>
大朝鮮特命全權大臣朴泳孝閣下

譯漢文

敬啓者, 准於本月十九日, 我皇帝陛下, 接見閣下, 玆奉上諭著閔泳翊, 金玉均, 准其順便觀見, 欽此相應恭錄諭旨, 函告閣下, 請煩轉飭閔, 金兩位遵照, 俟至閣下詣宮之時, 偕同趨赴可也, 耑此順頌日祉。

明治十五年十月十八日<br>
大日本外務卿井上馨<br>
大朝鮮特命全權大臣朴泳孝閣下

敬覆者, 現接貴省卿函, 稱准於貴曆本月十九日貴國皇上, 接見本大臣時, 閔泳翊, 金玉均, 順便觀見, 奉有上諭等因前來, 本大臣卽已轉飭閔, 金兩人, 均當敬謹奉旨, 仍念貴國皇上特恩, 實出格外, 本大臣感惶, 已無可比, 伊兩人榮耀, 當復如何, 其進見之節, 伊當有函煩閣下也, 肅此佈謝, 順頌日安。

開國四百九十一年九月初七日<br>
大朝鮮特命全權大臣朴泳孝<br>
大日本外務卿井上馨閣下

## 初八日

晴, 外務卿致函。

○午後二時自宮內省, 送馬車, 偕副使, 從事官, 至赤坂離宮, 卽入宮內省下車, 宮內, 外務二省大員二十餘人, 皆被金繡大禮服, 已待候矣, 敍畢, 移時入別殿, 曲廊複道幽深, 而官製不甚壯麗, 立少頃, 旦皇自內殿出坐椅, 外務卿, 式部頭兩人前導, 三使以次進至椳, 行曲拜禮,

進前鞠躬, 日皇起立免冠, 容儀整肅, 中等身材, 眼恢恢有量, 余敬手捧
國書納日皇, 日皇欠身捧讀一遍, 聲音洪亮, 乃言曰, 貴國大王安寧, 欣
喜堪ヘズ今度卿ヲ全權大臣トシテ我國ニ派遣セラレ其親書ヲ領ス永遠
和好ノ親密ナルヲ信ズ。【日皇語外務卿, 譯送故, 依而錄之】聽訖, 余讀頌辭一
摺少立, 退出至棫, 三使又行曲拜禮, 鵠侍復道, 外務卿復出公所, 邀芸
楣古愚, 使余導之, 二人進行曲拜禮, 趨而進, 日皇向芸楣言曰, 以國事
勞瘁, 今則安安可幸, 芸楣答曰, 格外召待, 如是勞問, 感惶感惶, 次向
古愚言曰, 卿春間渡海, 尙云一面, 而頃聞貴國變亂, 何等驚憂, 旋卽整
頓, 無事航海, 可幸幸, 古愚答曰, 如是慰念, 不勝惶懷, 少立, 退棫, 曲
拜而出, 至宮內省分茶, 肅揖還署。

○午後, 訪伏見親王不遇, 太政大臣三條實美, 在家接見, 右大臣,
巖倉具視, 病不見, 外務卿井上馨, 在官宅晤話。


國書

大朝鮮國大王, 敬白大日本國大皇帝, 予托天庥, 自與貴國修好以來,
歡洽無間, 頃値軍民構亂, 幾致兩國滋事, 擾攘甫定, 款約已申, 玆派全
權大臣兼修信使錦陵尉朴泳孝,　全權副官兼修信副使副護軍金晩植,
專往貴國, 重修和好, 永保友睦, 予知朴泳孝忠亮端敏, 金晩植綜練懃
愼, 必能一切協理, 務祈垂眷推誠, 申諦交密, 共享休祉, 予有厚望焉。

李○寶

頌辭

大朝鮮國特命全權大臣兼修信使朴泳孝, 敬面奏大日本國大皇帝陛
下, 【使臣】, 敬奉我大王, 特授諭旨, 謹代頌帝祚作疆, 際玆兩國款約已
申, 交誼益臻敦密, 大小官民曷勝慶忭, 仍伏念我大王深欽大日本大皇
帝隆功盛德, 邁古光後, 內修一新之政, 外擴遠邦之交, 其在近隣, 尤惟
深誠, 於是焉微瑣嫌芥, 一時釋如, 惟願從此輔車勢鞏, 大小相資, 使兩

國黎庶, 共沾雨露之恩, 永享玉錦之慶, 仰惟大日本大皇帝, 聞我大王, 奉奉聖意, 正應欣悅倍加, 【使臣】謹將國書, 進呈御覽, 謹奏。

　拜啓陳者明二十日拙宅ニ於テ晩餐差上度候間同日午後七時御光臨被下度致希望候。敬具。

明治十五年十月十九日
井上馨
朴泳孝閣下

　拜覆者, 卽奉貴函, 欣敵良晤, 明天盛速, 敢不惟命, 謹當及時趨晤, 泐此不宣。

壬午九月初八日
朴泳孝
井上馨閣下

### 初九日

　陰, 訪喜彰親王, 能久親王, 司法卿大木喬任, 參事員議長山縣有朋, 農桑務卿西鄉從道, 陸軍卿大山巖, 文部卿福岡孝弟, 工務卿佐佐木高行, 內閣顧問黑田淸隆, 元老院議長佐野常民, 宮內卿德大寺實則, 式部頭鍋島直大, 警視總監樺山資紀, 東京府知事芳川顯正, 外務大輔吉田淸盛, 小輔鹽田三郎皆不遇, 大藏卿松方正義, 海軍卿川村純義, 在家晤話, 午刻過花房公使第午飯, 多貯東人書畫出示。

　○戌刻, 偕副三行人, 芸楣, 古愚, 尹南陽雄烈, 赴外務卿宅晩餐。

　○致函於外務省。

　敬啓者, 本國留學人金亮漢, 在留貴國造船所學習, 向日要學鑄鐵, 得貴省免狀及依賴書, 前往釜石鑛山矣, 不幸半途見失, 未達而地而

還, 望貴省卿, 諒悉此意, 給免狀及依賴書, 俾得往來爲憑幸甚, 特此佈
告, 兼頌日祉。

開國四百九十一年九月初七日

大朝鮮特命全權大臣朴泳孝

大日本外務卿井上馨閣下

### 初十日

晴, 訪英國全權公使, 米國全權公使, 意大利代理公使, 獨逸代理公
使相見, 法國全權公使, 魯國臨時代理公使不遇。

○內閣顧問黑田淸隆, 大藏卿松方正義, 元老院議長佐野常民, 陸軍
卿大山巖, 工部卿佐佐木高行, 皆來見。

### 十一日

晴, 兵隊李殷石, 喇叭卒業, 歸國便付狀啓。

○淸國公使黎庶昌, 繙譯官梁殿勳, 陸軍大尉瀨戶口重雄, 外務大書
記官石橋政方, 陸軍少將高島鞆之助, 來見。

將仕郞權知承文院副正字修信使從事官【臣】徐

折衝將軍行龍驤衛副護軍兼修信副使【臣】金

上輔國崇祿大夫特命全權大臣兼修信使錦陵尉【臣】朴

去月二十二日, 在神戶, 修啓上送于釜山船便爲白有在果, 二十九日
戌時量, 始騎汽船出洋, 今月初二日申刻, 到泊于橫濱是白如乎, 辦理
公使花房義質, 以迎接出待, 外務大書記官竹添進一郞, 以伴接出待,
乘汽車一時頃抵日本東京, 住接于靑松寺, 一行支供, 自宮內省進排, 而
固亂不得是白乎旀, 初五日, 始詣外務省, 傳遞書契是白遣, 初八日, 詣
赤坂宮, 謁見日本皇帝, 呈遞國書是白遣, 日間, 又將公幹, 商定塡補事
宜, 批准互換, 次第擧行計料爲白乎旀, 兵隊李殷石, 以喇叭受學, 間已

卒業, 領有該國證書, 今方復路歸國是白只, 緣由, 順便馳啓爲白臥乎
事是良爾詮次善啓向敎是事。

開國四百九十一年九月十一日申時

## 十二日

晴, 太政大臣三條實美, 東京府知事芳川顯正, 參事院議長山縣有朋,
警視摠監樺山資紀, 海軍卿河村純義, 英國公使樸須, 領事官阿須敦,
意太利公使, 法國公使, 皆來見。

○以兵隊申鳳模受業事, 遣名帖于戶山學校長長坂照德致意, 又以
李殷石卒業事, 送名帖于陸軍敎導團長少將少澤武雄致謝。

○花房公使, 淸國繙譯官梁殿勳, 來見。

○答文部卿福岡孝弟書。

○英國公使有函卽答。

來諭諒悉, 大學生徒卒業授與, 甚盛擧也, 謹當屆期趨造, 獲覩盛儀,
肅此不宣。

壬午九月十二日
大朝鮮特命全權大臣朴泳孝
大日本文部卿福岡孝弟閣下

大英國全權公使樸須, 謹呈大朝鮮特命全權公使朴泳孝閣下, 千八
百八十二年十月二十四日【日曜日】第七時, 將於弊宅晚餐, 伏乞枉駕來
賁, 謹俟回音於東京。

千八百八十二年十月二十四日【英文難抄, 以漢字飜譯, 下倣此闕而不錄】

逖復者, 卽承貴翰, 感荷實多, 貴曆十月廿四日光召, 謹當屆時旨晤,

泐此不宣。

開國四百九十一年九月十一日
大朝鮮特命全權公使朴泳孝
大英國全權公使閣下


**十三日,**

晴, 訪外務大書記官石橋政方, 陸軍少將高島鞆之助。

○ 司法卿大木喬任, 陸軍少將少澤武雄, 步兵中尉上月秀實, 皆來見。

○ 戌刻, 往英公使館晚餐。

○ 以塡補事, 照會於外務省。

○ 外務卿同夫人致函。


　大朝鮮特命全權大臣朴爲照會事, 照得本大臣辦理塡補事宜, 理合不日商定, 而第念本國事情, 以五年排定, 不無迫急之慮, 就原定期限, 更寬五年, 准以十個年償完, 則在我有紓力之方, 貴國不失安議之好, 爲此照會, 望貴省卿, 諒悉此意, 覆照可也, 須至照會者。

右照會大日本外務卿井上馨
開國四百九十一年九月十三日


　拜啓陳者八來ル三十日官舍二於晚餐差進度候間午後第七時御來臨有之度致希望候。敬具。

十月二十四日
井上馨
同妻
朴泳孝閣下

## 十四日

陰, 陸軍大尉水野勝義來見。

○淸公使黎庶昌致函。○答淸公使書。

敬諏, 九月二十一日, 準酉正刻, 卽西曆十一月初一日午後六時, 在本署晚餐, 祗俟台光, 希贈玉音。

光緖八年九月十四日

黎庶昌拜訂。

朝鮮國特命全權大臣朴泳孝閣下

敬覆者, 卽奉尊函, 謹承光速, 敢不准命, 第當屆期趨造貴署請誨, 率泐不宣。

壬午九月十四日

朴泳孝拜復

大淸國全權公使黎庶昌閣下

## 十五日

晴, 答外務卿書。

○往寫眞局照影。

○外務卿答照會來。

○外務卿致函, 以日皇天長節, 請邀也。

敬覆者, 卽奉貴函, 荐荷光召, 感悚無已, 當屆期趨晤, 肅此不具。

壬午九月十五日

朴泳孝

井上馨閣下

貴夫人白照

以書簡致啓上侯, 陳八塡補金一條閣下不日商定可被成處, 貴國ノ事

情ニテハ向フ五ケ年ノ期間ハ迫急ノ樣御思考被成候ニ付，最約定ノ期間ニ尙五ケ年ヲ延シ向フ十ケ年ト爲シ償完致シ候樣相成候ヘバ貴方ニテハ紓力ノ方法相立チ當方ニテハ安議スルノ好意ニ相叶可申云ノ開國四百九十一年九月三日付，貴簡ヲ以テ御照會ノ趣致承知候，右期限ノ儀ハ已兩國辦理大臣ノ議訂ヲ經候ニ付，其通遵辦致ス筈ニ有之乍，我政府深ク貴國事情ヲ察シ閣下御請求ノ延期ノ儀承諾致シ關切體諒ノ誠ヲ表シ候 條，右償完ノ方法ハ追テ閣下ト御商議可被候，此段回答得貴意候。敬具。

明治十五年十月廿五日

外務卿井上馨

大朝鮮國特命全權公使朴泳孝閣下

譯漢文

大日本外務卿井上爲照覆事，准貴大臣開國四百九十一年九月十三日照會內，開照得本大臣辦理塡補事宜，理合不日商定，而第念本國事情，五年排限，不無迫急之慮，就原定期限，更寬五年，准而十個年償完，則在我有紓力之方，不失貴國安議之好等因，前來本大臣，准此業已閱悉，查償完期限，旣經兩國辦理大臣議訂，理當遵照辦理，惟我政府，深念貴國事情，允聽貴大臣所請，寬期一節，以表關切體諒之誠，至於所有償完之辦法如何，嗣當與貴大臣查照可也，須至照覆者。

右照覆大朝鮮特命全權大臣朴

明治十五年十月廿五日

以書簡致啓上候陳者來ル十一月三日我皇帝陛下御誕辰ニ付，霞ヶ關官舍於テ祝宴相設候間，同日午後第六時御枉駕有之度希望候，此段得貴意候，敬具。

明治十五年十月廿六日

外務卿井上馨

大朝鮮特命全權公使朴泳孝閣下

追テ大禮服御着用相成度候。


## 十六日

陰, 偕副使, 從事官, 往外務省, 晤井上馨及竹添進一郎, 辦理塡補事宜。

○答外務卿日皇天長節請函。

○午刻, 出橫濱, 晤白耳義, 荷蘭, 西班牙三公使, 自外務省, 送英語通事吉田要作與俱, 回路歷晤神奈川縣令, 午後七時還署。

○美公使有函, 約廿一日午後七時, 晤會。


塡補事宜

塡補金五十萬圓, 定以十個年爲償完之期, 朝鮮將慶尙道, 歲收諸稅中, 換爲純金銀, 照日本銀貨幣或金貨幣量目, 每年支辦五萬圓, 分兩次,【朝鮮曆五月十一日, 日本曆】輸送于在留朝鮮元山港日本領事館, 眼同分析【或輸送于大坂府造幣局, 眼同分析, 亦任時宜】, 以驗其質, 俾無純駁輕重之差謬。

日本銀貨幣一圓重, 七錢一分七厘六毫內,【銀六錢四分五厘八毛四糸, 銅七分一厘七毫六糸。○合計二萬五千圓重, 爲一萬七千九百四十兩內, 銀一萬六千一百四十六兩, 銅一千七百九十四兩。○合計五萬圓重, 爲三萬五千八百八十兩內, 銀三萬二千二百九十二兩, 銅三千五百八十八兩。】日本銀貨幣一圓重, 四分四厘三毫六系七忽內,【金三分九厘九毫三糸三微, 銅四厘四毛二糸六忽七微。○合計二萬五千圓重爲二千二百一十八兩三錢五分內, 金一千九百九十六兩五錢一分五厘, 銅二百二十一兩八錢三分五厘。】

右證定於日本東京,

大朝鮮開國四百九十一年九月十六日

特命全權公使朴泳孝印

特命全權副官金晩植印

大日本明治十五年十月廿七日

外務卿井上馨印

【右二件內, 一件先書朝鮮曆, 朝鮮紀元, 朝鮮大副官印, 作朝鮮件, 一件先書日本曆, 日本紀元, 日本官印, 作日本件, 各鈐印交付。】


敬覆者, 伏承貴函, 敬認節屆千秋, 仰想頌切岡陵, 祝宴獲參, 與有榮焉, 謹當屆時趨晤。敬具。

壬午九月十六日

朴泳孝

大日本外務卿井上馨閣下

## 十七日

陰, 午後六時, 往文部省, 觀大學校生徒卒業宴會。

○答美公使【廿二日午後七時請】書。

○和蘭辦理公使來見。


## 十八日

雨, 右大臣嚴倉具視來見。


## 十九日

晴, 宮內卿德大寺實則來見。

○外務卿答照會來。

○英公使遣書記官, 約明朝偕往橫濱, 觀馬戲。

○戌刻, 往外務卿官宅晚餐。

以書簡致啓上候, 陳八貴國遊學人金亮漢釜吉鑛山へ旅行, 免狀幷同鑛山局添書曩同氏へ交付致置候處, 右免狀遺失致候二付更二交付ノ儀節照會ノ趣ヲ承候シ候, 則別紙免狀一葉並添書一封差進候條御查收有之度, 此段得貴意候。

明治十五年十月廿七日

外務卿井上馨

朝鮮國特命全權公使朴泳孝閣下

譯漢文

敬覆者, 接讀來文, 以貴國遊學人金亮漢, 前往釜石鑛山, 所有免狀, 以及送鑛山局之信函, 向經交結該人者, 因半途遺失, 再請發給一事, 業已領悉, 當將另附免狀一件, 信函一封, 函送貴大臣, 希卽查收可也, 崇此順頌日祉。

明治十五年十月廿七日

外務卿井上馨

大朝鮮特命全權大臣朴泳孝閣下

**二十日**

晴, 巳刻乘汽車, 出橫濱, 到競馬場, 日廷君臣及各國公使, 皆率眷來會, 日皇招接勞問, 士女觀光者如堵, 樹柵周圍, 可五里, 拔善騎者, 雙馳柵內, 馬皆大宛種也, 有嘶雲騰空之勢, 走如流星, 先至限標者, 懸賞獎勵, 殊可觀, 尹令雄烈, 亦跑馬, 鞍具不慣, 竟至英雄落馬, 兩脚朝天, 觀者皆大笑, 酉刻乘汽車還署。

○外務卿與其夫人, 致函一行, 以日皇天長節, 開宴於官宅也。

來ル十一月三日天長節二付霞ケ關外務卿官宅二於テ夜會相催候條
午後九時ヨリ御來臨被下度致希望候也。但小禮服。

　　　　　　　　　　　　　　　　　　明治十五年十月三十日
　　　　　　　　　　　　　　　　　　　井上馨
　　　　　　　　　　　　　　　　　　　同妻
　　　　　　　　　　　　大朝鮮特命全權公使朴泳孝閣下

## 二十二日

晴, 巳刻, 約外務省, 互換批准, 偕副三行人, 往外務省, 卿及大輔,
大書記官引接於客廳, 敍畢, 余持全權字據示卿, 卿捧讀訖, 次捧批准
冊子授卿, 卿照畢乃言曰, 批准, 親書御諱自是萬國通例, 而曾於江華
換約時, 以貴國未慣常例, 因循行之, 今又只載大朝鮮國大王, 後世何
以證據, 且載御諱之左幅, 例書奉勅某臣職名, 而此亦闕焉, 請自介以
後, 遵行之爲望。余曰, 今承諸敎, 誠然誠然, 當歸奏遵行矣。卿及大輔,
將日本批准冊子相換, 照閱鈐印, 卿曰, 今日互換批准, 兩國和議, 深切
無間, 此但兩國政府之意也, 若至民心岐貳, 每起擾攘, 則事無了期, 惟
願貴政府, 綢繆民情, 更不失和議是望。余曰, 我邦民情, 愚頑難化, 從
前豈不曉諭, 而竟至前日之事, 尙復何言, 從玆民風漸開, 隣誼益密, 則
實東洋之福也, 敝政府亦以是祝焉。余因向外務卿曰, 敝邦松島材木,
禁養守護, 爲數百年矣, 貴國民人, 潛來斫伐, 故朝廷遣官巡檢矣, 其在
隣境之糾察之道, 若弛而不禁, 則恐惹事端, 請嚴禁潛斫也。卿曰, 以此
事, 曾有貴朝廷通報, 故已嚴申禁令, 而若又如前潛斫, 則貴國須執送
于附近港日本領事館, 以爲懲治之道似好。余曰, 敝邦將於此島起墾募
民矣, 潛斫一案, 第當如敎處之矣, 茶罷歸署。

　○夕晡淸公使黎純齋晩餐, 値雨, 訪古愚寓館宿。

朝鮮批准

壬午八月初七日, 據全權大臣李裕元, 全權副官金宏集奏本, 七月十七日,【臣】裕元,【臣】宏集與大日本辦理公使花房義質, 會同仁川府濟物浦, 互換續約二款, 已予批准, 行諸久遠, 益敦親好, 其二款內應事件, 凡爾官民, 悉奉此意, 一體按照辦理。

大朝鮮大王寶。


日本國與朝鮮國, 嗣後益表親好, 便貿易, 玆訂定續約二款如左。

第一

元山, 釜山, 仁川各港間行里程, 今後擴爲四方各五十里【朝鮮里法】期二年後【自條約批准之日, 起算周歲爲一年】, 更爲各百里事。

自今期一年後, 以楊花鎭爲開市場事。

第二

任聽日本國公使, 領事及其隨員眷從, 遊歷朝鮮內地各處事。指定遊歷地方, 由禮曹給照, 地方官, 勘照護送。

右兩國全權大臣, 各據諭旨, 立約蓋印, 更請批准, 二個月內,【朝鮮開國四百九十一年九月, 日本明治十五年九月】於日本東京交換。

大日本明治十五年八月三十日
大朝鮮開國四百九十一年七月十七日
日本國辦理公使花房義質印
朝鮮國全權大臣李裕元印
朝鮮國全權副官金宏集印


日本批准

日本國ト朝鮮國ト嗣後益益親好ヲ表シ貿易ヲ便ニスル爲メ玆ニ款ヲ訂定スルコト左ノ如シ。

第一

元山, 釜山, 仁川各港ノ間行里程今後擴メテ四方各五十里【朝鮮里法】トナシ二年ノ後ヲ期シ【條約批准ノ日ヨリ周歳算シテ一日トナス】更ニ各百里トナス事。

今ヨリ一年ノ後ヲ期シ楊花津ヲ以テ開市場トナスコト。

第二

日本國公使領事及ビ其隨員眷從ノ朝鮮內地各處ニ遊歷スルヲ任聽スル事。

遊歷地方ヲ指定シ禮曹ヨリ給シ地方官訂書ヲ驗護送ス。

右兩國全權大臣各各諭旨ニ據リ約ヲ立テ印ヲ蓋シ更ニ批准ヲ請ヒ二個月內【日本明治十五年十月朝鮮開國四百九十一年九月】日本東京ニ於テ交換スベシ。

大日本國明治十五年八月三十日

大朝鮮開國四百九十一年七月十七日

日本國辨理公使花房義質印

朝鮮國全權大臣李裕元印

朝鮮國全權副官金宏集印

譯漢文

日本國, 與朝鮮國嗣後, 爲益表親好, 便貿易, 玆訂定續約二款, 如左。

第一

元山, 釜山, 仁川各港間行里程, 今後擴爲四方各五十里, 朝鮮里法期二年後 自條約批准之日, 起算周歲爲一年。更爲各百里事。

自今期一年後, 以楊花津爲開市場事。

第二

任聽日本國公使, 領事及其隨員眷從, 游歷朝鮮內地各處事。

指定遊歷地方, 由禮曹給照, 地方官勘照護送。

　右兩國全權大臣, 各據諭旨, 立約蓋印, 更請批准, 待二個月內, 日本明治十五年十月, 朝鮮開國四百九十一年九月, 於日本東京交換。

大日本國明治十五年八月三十日

大朝鮮開國四百九十一年七月十七日

日本國辦理公使花房義質

朝鮮國全權大臣李裕元

朝鮮國全權副官金宏集

　天佑ヲ保有シ萬世一系ノ帝祚ヲ踐ミタル大日本國皇帝此書ヲ見ル有衆ニ宣示ス大日本辦理公使花房義質及大朝鮮國全權大臣李裕元, 全權副官金宏集ヲ以テ雙方全權委員ト爲シ明治十五年八月三十日朝鮮國濟物浦ニ於テ大日本國ト大朝鮮國トノ間ニ取結ビシ修好條規續約書ヲ朕親ラ閱覽セシニ能ク朕カ意ニ適シ更ニ開然スベキナシ故ニ凡テ其約書條款ニ揭クル本趣ハ朕玆ニ之ヲ嘉納批准ス。

神武天皇卽位紀元二千五百四十二年。

明治十五年十月三十日東京宮中ニ於テ親ラ名ヲ署シ璽ヲ鈐セシム。

睦仁　大日本國璽

奉勅外務卿正四位勳一等井上馨

譯漢文

　保有天佑踐萬世一系帝祚大日本國皇帝, 宣示見此書之有衆, 以大日本國辦理公使花房義質及大朝鮮國全權大臣李裕元, 全權副官金宏集, 彼此任爲全權委員, 明治十五年八月三十日, 於朝鮮國濟物浦, 大

日本國與大朝鮮國, 訂定修好條規續約書, 朕親閱覽, 以其能適朕意,
無所間然, 朕玆嘉納批准, 所有開約於約書條款之旨趣焉。

神武天皇卽位紀元二千五百四十二年。

明治十五年十月三十日於東京宮中親署名鈐璽。

奉勅外務卿正四位勳一等井上馨


　大朝鮮全權大臣李裕元, 副大臣金宏集, 與大日本國辦理大臣花房
義質, 大朝鮮開國四百九十一年七月十七日,【明治十五年八月三十日】, 在
仁川府濟物浦, 所商定追加條約, 今經兩國批准, 大朝鮮國特命全權公
使兼修信使朴泳孝, 副大臣金晩植, 大日本外務卿井上馨, 於東京, 互
相查照, 以交換之, 各記名鈐印, 以爲證。

大朝鮮開國四百九十一年九月二十日

大日本明治十五年十月三十一日

大朝鮮國特命全權大臣兼修信使朴泳孝印

大朝鮮國副大臣金晩植印

大日本國外務卿井上馨印


　大朝鮮國全權大臣李裕元, 副大臣金宏集卜大日本國辦理大臣花房
義質卜大朝鮮國四百九十一年七月十七日, 明治十五年八月三十日 仁
川府濟物浦ニ在テ商定シタル追加條約ヲ今兩國ノ批准ヲ經テ大朝鮮
國特命全權大臣兼修信使朴泳孝, 副大臣金晩植, 大日本外務卿井上
馨卜東京ニ於テ互ニ相查照シ以テ交換シ各名ヲ署シ印ヲ鈐シ以テ證ト
ナス。

大朝鮮國開國四百九十一年九月二十日

大日本國明治十五年十月三十一日

大朝鮮國特命全權大臣兼修信使朴泳孝印

大朝鮮國副大臣金晩植印
大日本國外務卿井上馨印

## 二十二日

晴, 宮內卿致函。

○ 式部頭鍋島直大及花房公使來見。

○ 答宮內卿函。

○ 以生徒事, 照會於外務省。

○ 答外務卿函。

○ 往觀圖書館, 女子師範學校, 博物館, 昌平館, 動物園而歸。

○ 夕晤美公使, 晚餐。

○ 白耳義公使, 外務大輔吉田淸成來見。

○ 宮內卿致函。

以書簡啓上候, 陳ハ本月三日天長節ニ付, 於日比谷練兵場陸軍觀兵
式ヲ行ヒ我皇帝陸下臨幸被爲在候ニ付, 閣下從事官ヲ御同伴御來觀有
之度被仰出候仍テ此段得貴意候, 敬具。

明治十五年十一月三日
宮內卿德大寺實則
朝鮮國正使朴泳孝閣下

追テ同日午前八時四十分迄ニ同所ヘ御來着, 大禮服御着用可有之,
且當日雨天之節ハ, 小雨ニテモ該式不被爲行候此段申添候也。

宮內卿德大寺實則爰ニ皇上ノ旨ヲ奉ジ朝鮮國正使朴泳孝閣下ヲ本
月三日午前第十時四十分宮中ニ於テ天長節ノ祝宴ニ招請ス。

明治十五年十一月二日

大禮服着用

　敬覆者, 承讀來函, 敬認天長聖節, 只隔一日, 慶賀之忱, 如何可旣,
且伏奉貴國皇上特召觀兵之旨, 尤切榮感, 恭當屆時趨造于<u>日比谷</u>練兵
場, 參觀盛儀, 肅此敬具。

開國四百九十一年九月廿二日

特命全權大臣<u>朴泳孝</u>

<u>日本</u>國宮內卿<u>德大寺實則</u>閣下

　再啓者貴曆本月三日上午十時四十分, 敬具大禮服, 馳進宮中, 恭賀
天長聖節, 肅此敬覆。

開國四百九十一年九月二十二日

　敬啓者, 本大臣有率來本國生徒四人, 擬將各授一技, 煩請貴省卿指
導擬業之方, 該生徒姓名, 年數及願學之技, 懸錄于後, 務望貴省卿, 知
炤各省, 俾各就業, 千萬萬, 其月料金額, 當有布置矣, 幷乞鑑亮, 順頌
日祉。

開國四百九十一年九月廿二日

特命全權大臣<u>朴泳孝</u>

<u>日本</u>外務卿<u>井上馨</u>閣下

後
<u>尹致昊</u>年十八語學校。
<u>朴裕宏</u>年十六陸軍士官學校。
<u>朴命和</u>年十二<u>英語</u>學校。
<u>金華元</u>年十八製皮所。

敬覆者, 卽奉貴函, 承陽曆十一月三日, 天長節寵召, 感荷良深, 謹當
屆時趨旨于官宅矣, 肅此不宣。

壬午九月二十二日

朴泳孝

日本外務卿井上馨閣下

貴夫人白照

宮內卿玆二皇帝, 皇后兩陛下ノ命ニヨリ朴泳孝閣下十一月八日午後
二時赤坂假皇居御苑ノ觀菊會二來臨アランコトヲ企望ス。

當日雨天ナレバ之レヲ罷。【當日赤坂假皇居正門ヨリ入リ御車寄ニシテ下車退
散ノ節モ御車寄ヨリ乘車正門ヨリ出ヅルコト。】

## 二十三日

晴, 午前八時, 偕副三行人, 詣練兵場, 日廷諸官弁大隊及各國公使
皆來會, 少頃開祝礮十餘聲, 日皇乘馬車, 到御幄, 扈從不過三四十騎,
宮內卿德大寺實則驂乘焉, 衆官皆免冠禮數, 但看場內四圍, 馬隊, 步
隊, 分部林列, 如植立焉, 無一搖動, 少頃, 日皇與各國公使, 上馬自牽,
樂隊數百部, 齊奏軍樂而前導, 繞行場內, 所以觀練兵式也, 其威儀甚
肅, 移時, 日皇還宮各國公使齊進宮內省, 余與副使皆焉, 等候招宴, 少
頃, 命齊進御所, 至則, 日皇主壁, 伏見親王爲西壁首班, 外務卿, 英公
使, 美公使, 白耳義公使, 淸公使, 法公使, 朝鮮公使, 以全權序次坐,
荷蘭公使, 朝鮮副使, 以辦理序次坐, 西班牙公使, 利大伊公使, 魯西亞
公使, 獨逸公使, 以代理序次坐, 後東西壁, 勅任官以次坐, 各賜酒饌杯
榼, 宴罷肅謝而退。

○午後六時, 往外務卿官宅, 大設火戲, 奇巧難狀, 諸國公使及日廷
縉紳, 皆率眷來集, 主人井上馨與其夫人令愛, 候門迎客, 皆洋裝也, 少

頃, 樂隊奏鼓吹, 懸各國旗章於正堂, 諸公使替携妻女之手, 環廻蹈舞,
天眞爛漫, 所以賀日皇天長節也, 舞罷樂撤, 設立食會, 來賓五六百人,
繞卓醉飽, 蓋仿泰西宴法也, 隨員亦齊至, 夜深而散.

### 二十四日

雨, 答宮內卿御苑觀菊函.

敬覆者, 昨辱台函, 伏承貴國皇上, 皇后兩陛下, 特召御苑觀菊之旨,
不勝感惶交集之忱, 謹當屆時趨造, 肅此敬具.

壬午九月廿四日

朴泳孝

日本宮內卿德大寺實則閣下

### 二十五日

晴, 是日卽我坤殿聖節也, 於使署正堂設虛位, 揷淸香, 行望賀禮, 本
邦之來遊者, 合計爲四十人, 齊進參禮, 伏不勝欣愴交感之私.

○午刻, 設料理于精養軒, 與同人捧觴祝賀曰, 今日卽我坤殿千秋節
也, 翟衣播遷, 幸復請亂還位, 隣國失和, 旋卽講約續好, 【至】儕在外望
拜, 曷勝景慕之忱, 惟望諸君, 醉飽蹈舞, 以伸今日之慶, 諸人齊起肅謝
曰, 敢不惟命, 至晩, 皆盡醉雛娛而散.

### 二十六日

晴, 賀本國王妃聖節, 且識日本續好之喜, 致函於井上外務卿, 三條
太政大臣, 巖倉右大臣, 大木參議, 川村參議, 佐佐木參議, 德大寺宮內
卿, 黑田內閣顧問, 吉田大輔, 花房公使, 佐野議長, 鍋島式部頭, 仁禮
海軍少將, 竹添大書記官, 高島陸軍少將, 齋藤書記官, 宮本書記官, 光
妙寺書記官, 淺山三等屬, 英國公使, 美國公使, 白國公使, 淸國公使,

佛國公使, 荷蘭公使, 西班牙公使, 利大伊公使, 露國公使, 獨逸公使,
約以來月三日酉正二刻, 會宴於延遼館。

○午刻, 往觀淺草寺。

## 二十七日

晴, 奧國領事官, 德國公使來見。

○午刻, 往工部大學校, 晤少補大條圭開, 周覽局內位置規模, ○難
殫述, 轉往電信局, 探本邦消息於上海, 馬關等處, 花房公使適至, 偕往
電機器械廠, 覼訖, 往花房宅談話, 移時還署。

○伊國公使蘭查烈士致函請晤。【西曆十一月十一日午後七時晚餐】

○荷蘭公使, 同夫人致函請晤。【西曆十一月十三日午後七時晚餐】

○致覆於兩公使。

○外務卿照會來。

以書簡致啓上候陳八本日辦理公使花房義質, 被補外務省三等出仕,
外務大書記官竹添進一郎被任辦理公使, 貴國駐箚被命候此段及御通
知候, 敬具。

明治十五年十一月六日

外務卿井上馨

朝鮮國特命全權公使朴泳孝閣下

譯漢文

大日本外務卿, 井上照會事, 十一月初六日, 奉上諭, 辦理公使花房
義質, 著補外務省三等出仕, 外務大書記竹添進一郎, 著充辦理公使,
駐箚朝鮮國, 欽此相應恭錄諭旨照會, 貴大臣查照可也, 須至照會者。

右照會大朝鮮特命全權大臣朴

明治十五年十一月初六日

## 二十八日

雨, 御苑觀菊, 以雨勢停罷。

○答外務卿照會。

大朝鮮特命全權大臣朴泳孝爲照覆事, 准貴省卿照會內, 稱七月初六日, 奉上諭辦理公使花房義質, 補外務省三等出仕, 外務大書記官竹添進一郎, 代充辦理公使, 駐箚朝鮮國等因, 前來本大臣, 査前花房公使, 自到朝鮮, 一切交際諸事, 均能持公商辦, 今又簡選新公使, 自必益昭友睦, 不勝欣慰之極, 爲此照覆。須至照覆者。

右照會大日本外務卿井上

開國四百九十一年九月二十八日

## 二十九日

晴, 訪奧國總領事官。

## 三十日

晴, 午刻, 往觀印刷局, 寫眞局長供午餐。

○萊伯報狀渡來。【八月廿二日發關者】

## 十月初一日

晴, 午刻, 往晤淸公使。

○夕往意國公使館晚餐。

○淸國繙譯官梁殿勳來見。

## 初二日

雨, 魯國公使, 致函請晤。【西曆本月廿日午後一時晚餐】

○元老院議長佐野常民, 致函請晤.【西曆本月十七日午後一時午餐.】

## 初三日

晴, 往晤外務卿.

○答公使書及元老院議長函.

○酉正二刻偕副使, 從事官, 芸楣, 古愚, 往延遼館候客, 懸各國旗章于正堂, 賓主序次而坐, 祝賀如左.

頌罷, 樂隊奏洋樂, 燈光如晝, 酒香成霧, 醉飽晝懽, 深夜而散.

○山縣參議·西鄕參議·山田參議·松方參議·黑田顧問·仁禮少將·高島少將·宮本書記官·佛國公使, 皆有故不參.[1]

余捧觴向諸人頌祝曰 朝鮮이亞細亞洲에잇셔 外國을 通한일이 업더니 當今世界盛運이 大開하미年前에 日本으로더부러서로온條約을 다 시定하고또米國·英國·德國을 ᄎ레로ᄉ괴여ᄂ티意外에 本國亂變이 있기ᄂ不幸ᄒ일이나 우리主上聖德으로 卽時亂盟을掃除ᄒ야 萬年和約이 굿게되엿스니 各國이慶賀ᄒᄂ일이요 또우리中宮殿下께오서, 그러한 暴亂을 피ᄒ셔 復位가지하시고 맛참쏘本大臣이 日本에와셔 日前에中宮殿下千秋節을 지ᄂ미, 慶祝함을 측양치 못하오며 오날날 한자리의 諸公을 뫼와 驪樂ᄒ미 이러한 慶事을 아르시게 攢祝하오며 우리 朝鮮主上과 또 이왕사귄나라와 장찻 친헐나라 各帝王이 聖壽無彊ᄒ셔 天下이 한집갓치 昇平하기를 祝手ᄒ오며 兼하여 우리도 兄弟갓치 萬國에泰平한 福을누리기 願하노이다. 讀畢, 諸公亦皆擎杯攢賀 外務卿 井上馨答頌曰, 日本과朝鮮이 隣國이되여 幾百年和好허더니 이번에

---

不幸이 亂變이잇다가 朝鮮主上聖德洪福과 우리皇上善隣之意도 兩國
에 親睦함이 더욱깁기는 亞細亞大慶이오 오날밤朝鮮公使祝을 드르매
우리도 各各 慶賀ᄒ오매 從此로 萬國이 兄弟처럼 人民을保護ᄒ고 各
帝王聖壽萬年을 願ᄒ노이다. 讀畢, 英國公使璞須以首公使로 亦頌賀
曰, 朝鮮國이 시로이 各國을 親ᄒ여 風氣가大開ᄒ매 天下各國이 다
깃버ᄒ노니 오날밤盛會에 朝鮮·日本兩國慶事을 드르매 各公使의 깃
분 마음 一般이오며 朝鮮술잔에 처음 各國帝王聖壽를 祝ᄒ오매 우리
도 갓튼 虔誠을 부치나이다.

### 初四日
陰, 嚴倉大臣致函請晤.【西曆十一月廿二日午後七時延遼館晚餐.】
獨逸公使致函請晤,【西曆十二月廿二日午後七時本公使館晚餐.】
○ 夕晤荷蘭公使館晚餐, 各國公使齊會.

### 初五日
雨晚晴, 往宮內省觀菊.
○ 答嚴倉大臣函.
○ 淸公使黎純齋來訪.
○ 夕往英公使館晚餐.
○ 送名帖于意公使.
○ 答獨逸公使書.【已有嚴倉大臣請晤, 不得踐約故也】

### 初六日
朝陰晚晴, 往觀王子造紙局及水輪織布所.
○ 樺山資紀致函請晤於向岡彌生社擊劍會.【西曆十一月廿五日午後
二時】

## 初七日

晴, 往觀上野射槍會, 日皇親幸場內, 文武皆集, 立的射槍, 臥放五次, 坐放五次, 立放五次, 優等者給賞, 古愚及尹令雄烈, 亦射多中, 頗有光輝, 賜午饌及樂隊, 飯罷, 親王亦射短槍, 其設法甚美也。

○午刻, 晤元老院議長於靜養軒, 午饌。

○竹添公使來見。

○布哇公使【今年始設館于日本】來見。

## 初八日

晴, 往謝布哇公使。

○往品川, 觀燔造玻璃及瓦斯燈會。

## 初九日

晴, 往戶山競馬場, 日皇已於前日親幸矣, 但白川親王來接各國公使, 賞玩移時, 還署。

○大倉喜八郎及澁澤榮一致函請晤。【西曆十一月十一日午後一時於本家晚餐。】

○送白絹于黎純齋, 懇扁楣及楹聯。

○答大倉, 澁澤書。

## 初十日

晴, 花房三等出仕來見。

○靜養軒, 設料理, 邀閔芸楣侍郎餞別。

○竹添公使來見,

○夕晤露國公使晚餐。

### 十一日

晴, 致函于外務卿。

○淸公使書送絹本, 且致函。

○午後, 赴大倉喜八郞, 約花房, 竹添, 吉田及梁殿勳, 姚文棟皆來會, 家在江濱, 樓樹林木, 極其瀟灑, 彷彿仙界也, 設晩餐, 品俱珍潔, 招藝技數十, 洗盞勸酒, 極慇懃, 已絲竹齊奏, 歌舞迭作, 賓主畵懽, 樂徹, 將白絹數疋及斗墨要題贈, 各皆揮灑, 夜深歸署。【路過蜂須賀, 適値日皇水操, 士女觀光者如蟻, 兩岸設軍幄, 河中兵船, 無數兵隊, 分部演習, 日晩, 日皇乘舟還宮, 岸上齊奏軍樂, 殊可觀, 過路有離宮, 妃嬪亦來觀云。】

逕啓者, 昨日暫晤, 慰少悵多, 本大臣, 有不腆土宜數種, 欲爲進獻貴皇上, 請閣下代達焉, 無任悚仄之至, 肅此佈告, 順頌日祉。

開國四百九十一年十月十一日

特命全權大臣朴泳孝

日本外務卿井上馨閣下

另具呈單

敬啓者, 弟向拙於書, 承命不敢辭, 然汗尊絹矣, 謹以奉繳, 祈賜察入, 無任悚切, 手此, 卽頌台祺。

十月十一日黎庶昌【頓首】

### 十二日

晴, 巳刻訪英國公使。

○午刻, 往觀濱海御苑【德川氏舊宅】及延僚館後苑, 皆在海岸, 引水成池, 臨壑起橋, 藤架荷堰, 奇石喬松, 以人巧臻天然, 蓋日本能事也, 前臨鏡海, 中設離宮, 雕欄畵壁, 複道密室, 廻無纖塵, 心神頓醒, 怳然疑

遊蓬壺之間也, 有守官, 迎入拜茶, 言掃葉養木之食廩者, 爲五六十人
云, 其淸潔可想。

　○司法卿大木喬任致函請晤。【西曆本月二十八日午後七時本宅晚餐。】

　○陸軍卿大山巖致函請晤。【西曆本月二十九日上午九時遊覽及午餐。】

　○長岡護美同夫人致函請晤【西曆本月二十九日午後七時延僚館。】

　○幷作答三函。○午後七時, 晤巖倉大臣於延僚館, 晚餐。


### 十三日

晴, 海軍少尉荒木亮一, 高桑勇, 海軍中機關士朝倉俊一郎, 元老院
議長渡邊洪基來見。

　○夕晤吉田大輔宅, 晚餐。


### 十四日

陰夜雨, 竹添公使來見。

　○英公使來見。

　○夕往外務卿宅, 晤話。


### 十五日

陰, 往彌生社, 觀擊劍, 親王及文武衆官曁各國公使皆集, 劍士分東
西二隊, 各出一人, 被竹甲, 戴竹兜, 使竹劍, 兩人相對禮數, 分立角勝,
每以三合, 判勝負, 而驀地打頭, 不犯遮截者爲勝, 勝者白書姓名於漆
牌而懸之, 使衆知之, 其鬪巧賈勇, 甚可觀, 戰罷, 亦相坐恭揖, 所以解
忿釋嫌也, 劍士多是巡査, 而雖顯職者亦與焉, 凡二十七對, 擊劍畢, 則
警視總監樺山資紀, 導衆賓於離宮, 宮製甚精雅, 俯臨萬家, 晚秋林木,
景色殊絶, 堂內周設煖爐, 大陳嘉羞, 設立食會, 有酒如准, 盡是海外名
酒也, 宴罷, 日向暮, 還署。

## 十六日
晴, 夕晤山田顯義。

○能久親王, 伊公使官通辨官, 海軍中機關士朝倉俊一郎, 海軍大佐相浦紀道, 皆來見。

## 十七日
晴, 夕晤美公使晚餐

## 十八日
晴夜雨, 英公使致函, 即爲裁復。

○修札於意公使。

○荷蘭公使來訪。

○夕晤大木喬任, 晚餐。

拙翰敬呈該酒杯今般敝國之舶戴ニ係ル不腆之粗器進呈スルニ足ラスト雖モ敢坐右ニ獻ス若シ莞納ヲ得バ幸甚器上直立ノ人物我國人美毯ノ形ヲ模造セシモノナレバ聊以貴眼ヲ慰ス可キ乎且拙生撮影是亦呈セント欲スルモ現ニ一葉ノアルナシ他日閣下賢知ノ寫眞師ニ託シ工成ルノ日金大人ノ手ヲ勞シ貴國送呈ス可シ請其意ヲ諒セヨ不宣頓首。

十一月二十五日

英國全權公使ハリエスパルケス

朝鮮大使朴泳孝閣下

敬覆者, 即奉寵翰, 旦惠珍器, 拜登敬謝, 又他日擬寄寫眞之教, 不勝預欣, 肅此不宣。

十月十八日

朝鮮全權大臣朴泳孝

英吉利國全權公使閣下

逕啓者, 小春天氣, 興居萬福, 頌祝, 笠子, 品不足爲佳, 適有追來者奉呈, 哂留爲希, 耑此不宣, 順頌日祉。

十月十八日

朝鮮全權大臣朴泳孝

伊國公使蘭查烈士閣下

## 十九日

晴, 午前, 往陸軍士官學校及砲兵機械廠賞翫, 午刻, 入游就館午餐, 大山巖所設也, 外務省遣一等屬天野瑚次郎, 引接諸處。

○ 夕暗長岡護美於延僚館晚餐。

○ 外務卿送來復函。

○ 以轉襯, 探機務處消息, 旦悉古愚, 拜右副承旨。

○ 芸楫先發, 向神戶。

逕覆者, 昨接貴曆壬午十月十一日來信, 以有貴國土産數種, 進獻皇宮, 望代達焉等因, 并送靑紋石煙草盒, 烏石小鼎, 烏石鍋各二坐前來, 俱已收悉, 當代閣下, 遞進可也, 先此佈復, 順頌日祉

明治十五年十一月二十八日

外務卿井上馨

大朝鮮國全權兼修信大臣朴泳孝閣下

## 二十日

晴, 古愚, 來使署, 設虛位於正堂, 行肅拜禮。

○ 海軍機關士補三宅甲造來見。○ 淸公使隨員姚文棟來見。

○下午四時, 赴紅葉館, 晤花房三等出仕, 晚餐, 外務官吏皆集, 樓觀蕭洒爽朗, 庭有老楓二樹, 紅葉滿地, 碧苔如茵, 城市中, 往往准備靈區, 奇哉, 館側有一坐傑閣, 能樂演所也, 能樂者日本古調也, 結構奇巧廻合, 不可名狀矣, 日暮, 燃燭樓上, 妓樂旨酒, 洋洋大開, 酒闌, 開墨戲, 夜深還公署。

## 二十一日

晴, 意公使有復函。

○法公使送付譯官, 請晤期, 故約以廿三日午後二時。

謹領貴簡, 重盥拜披如命, 小春晴暖, 尊候萬福, 欣慰无量, 所贈名産之笠子, 精雅雅妙, 珍賞不啻尺璧也, 伏企爲時, 千萬自重, 謹奉復。

千八百八十二年十一月廿九日
伊太國代理公使蘭查烈士
大朝鮮全權公使朴泳孝閣下

## 二十二日

晴, 往謝佐野常民, 大木喬任, 大山巖, 長岡護美及露國公使。

## 二十三日

晴, 午後, 與隨員二人, 往登上野平岡, 瓦鱗如海, 一望櫛比, 所見不過全幅十分之一, 而殷繁如此, 東京所轄爲二十三萬五千餘云者, 眞不誣也, 下來, 轉至水閣, 閣在大池萬荷之上, 荷雖殘矣, 柳陰尙濃, 斟酒移時, 還署。

○式部頭鍋島直大, 致函約晤。【西曆十二月十二日午後四時紅葉館。】

## 二十四日

晴, 答鍋島直大書。

○法公使來見, 有書, 蓋嫌舌人之不能曲盡密意故也, 亦可謂妙法。

○擬往熱海溫泉及橫須賀, 致由於外務卿。

法公使口代

先達拙宅卜御尋ネ被下辱奉存候本日【小生】尊館二罷出候儀ハ我國
學師サルダ氏近日貴國二張越シ爲候尊君卜御懇意ヲ爲結度且ツ同人
貴國二出張候節ハ萬事宜シク御保護相願度參上仕候尤モ同人員マテ
派出候節ハ貴國之地理巡見致度辭趣二付貴國御官吏二於テ御案內被
下度候未久貴國卜弊國卜ハ條約所結無之付此段小生ヨリ致懇願候近
日御歸國ノ趣隨分途中御自愛祈禱候尙後日再會ヲ希望ス。

十二月四日

佛國公使トリク一頓首

朝鮮全權大臣閣下

逕啓者, 本大臣素苦疝證, 當寒爲劇, 醫言熱海溫泉頗佳云, 明日擬
副使, 從事官伴行, 玆具片函報聞, 不宣, 順頌日祉。

十月二十四日

朴泳孝

日本外務卿井上馨閣下

再啓者路次橫須賀亦暫遊覽, 諒察焉。

## 二十五日

晴, 往謝法國公使。

○午後二時, 偕副使, 從事官, 隨員朴齊絅, 金裕定, 李福煥及從者

金玉均, 朴永俊, 出停車場, 外務省一等屬三輪甫一, 語學生徒鹽田一
太郎, 有該省知委, 已出待矣, 同乘汽車, 一時頃, 抵橫濱, 一行先往瑪
頭, 坐小輪船, 余則訪荷蘭, 比利時兩公使, 同會向橫須賀, 沿岸樓臺,
金碧與斜陽相玲瓏, 趁暮抵橫須賀, 兩山拱抱, 一湖圓明, 內藏軍艦十
二, 警金相應, 舷燈互映, 岸上歌吹誼熱, 道是海軍, 與妓遊嬉者, 蓋東
京吉園, 品川及橫須賀等地, 娼嫂之設置, 爲軍事慰悅之方法云, 海軍
省及外務省, 各定店樓相邀, 因於卸海軍省所定店子, 登樓, 望見造船
各廠, 參差峻宇, 隱映於淡霧繁星之際, 如對洋畫一幅, 且喜店樓粲麗
瀟洒, 鋪置料理甚精。

## 二十六日

陰, 午前八時, 海軍省送舢板船, 朝飯畢, 渡船造船所, 海軍士匠司正
渡邊忻三, 迎入客廳, 茶罷, 引接各廠, 製船規模, 奇巧而宏大, 每輪艦
一隻, 各築石閘而藏之, 一閘之費, 爲五十萬圓云, 周覽訖, 復入客廳,
餉以酒果, 極慇懃, 小書記官中溝保辰, 贈詩一篇, 話罷, 還渡店樓點
心, 又乘小輪船, 一時頃抵金澤, 有曲湖淺山之景, 少憩乘人力車, 齊向
江島, 山徑高低, 竹籬禾壟, 幽深可愛, 行三里, 有神社,【鶴岡八幡, 古天
皇】古源賴朝所都云, 在昔極繁華, 今爲鄉村, 盛衰之歎, 何地不然也,
日暮, 點燈抵江島, 路入海邊, 湖聲洶湧, 入店樓, 樓臨島上, 結搆玲瓏,
如遊蜃樓海市中也。【自金澤至江島, 以英里計, 爲十里】

製艦水區廻岸烟,

亞洲第一着先鞭,

石槽鯨鯢虹吞吐,

鐵捩蜿延盤轉旋,

搆造素非黃氏刱,

技工豈自梓人傳,

國家偏識海軍重,

不惜帑金幾萬千。

錄近製以乞玉斧。澄懷<u>中溝保辰</u>拜。

## 二十七日

晴, 朝起觀海色無邊, 樓臺金碧, 掩映島上, 又登山巓, 踏過石梯數百
級, 旋螺而上, 有神祠數處, 忽望<u>富士山</u>, 湧出海上, 如白蓮未開之形,
高爲一萬三千五百尺云, 此<u>日本</u>第一巨岳, 實<u>東京</u>鎭山也, 積雪皓然,
亘古不化, 其峙積可驗, 相對有狂寒門之想, 徘徊移時下來, 乘人力車,
向<u>熱海</u>, 午刻抵<u>小田原</u>十八里點心, 又循海邊山徑, 橙橘方熟, 霜意始
濃, 日暮懸燈抵溫泉十四里, 所過店樓農戶, 精潔華麗, 頓無塵世之氣,
可驗開港以前, 已有八九分成立基本也, 黃昏, 歇宿於<u>熱海富士屋</u>。

## 二十八日

晴, 風, 朝憑樓上, 滄海盪胸, 岸上層樓四百餘座, 皆以溫泉爲業, 頗
殷富, 往觀溫泉發源處, 石罅谽谺, 熱霧戎戎, 響如雷吼, 每日六候出湧
泉, 橫射如急瀑, 則地中設隱溝, 接以竹筧, 家家分派, 精製浴室, 縉紳
士女及遠方來觀者, 聯絡於道, 橋梁之設, 園林之趣, 亦別一區也, 東望
海中有土, 名<u>大島</u>也, 山上出白雲英英, 間之, 是火山烟燄, 四時不歇
云, 蓋因溫泉之注海, 而海水溫, 所以得<u>熱海</u>名也, 隨處鑿地, 便是熱
水, 土面在在龜坼, 恐有刮火之發也, <u>日</u>東之每多地震, 損害生物, 職由
是歟, 以如是樂土, 人生之惝惝然, 恐此爲可惜, 物不能兩大, 事不能全
美, 信然也。

　　○出步海濱, 風潮激岸, 如捲雪堆, 命漁戶擧網, 持酒登山嘴, 一碧
萬里覺快活。

　　○每日朝夕, 就浴室, 水瀅潔, 味少鹹而熱, 大宜濕病。

## 二十九日

晴, 午後, 步登山腰, 有神社, 楠木千章, 洞陰猶深, 覺地氣溫也, 居民以楠木製按匣盤盒之屬, 紛然來售, 精雅可愛。

○朝夕, 又浴溫泉。

## 三十日

晴, 午刻離發, 海邊多有熱水, 夕抵<u>少田原平岡店</u>, 歇宿, 偕同人往觀<u>相模國</u>, 城臺基墟遺蹟猶存, 負山襟海, 頗得形勝, 國主草雲, 在<u>豐臣秀吉</u>時, 獨恃險不附, 兵革相恃, 後乃議和云, 民家市廛熱鬧, 門前懸牌, 書貸座敷三字, 詢之, 則娼妓之賣淫之處也, 入夜歌吹如沸, 非鄕井風氣也。

## 十一月初一日

晴, 自<u>平岡店</u>, 捨人力車而乘馬車, 搖盪甚而疾捷則過之, 十二時抵<u>藤澤店</u>午飯, 五時抵<u>神奈川縣</u>停車場, 少憩, 乘汽車, 一時頃到<u>神橋</u>, 館署在留隨員聞電報, 已出待矣, 相與欣握, 外務省且送馬車, 乘暮歸署, 聞<u>古愚</u>出<u>橫濱</u>相待, 發電報還寓。

## 初二日

陰, 致函於外務卿。

○照會於外務省。

○午後四時, 赴<u>紅葉館</u>, 踐式部頭約, 玩<u>日本</u>古樂, 樂器大類本國, 音卽和緩, 儀容亦彷彿, 樂官戴鳳冠, 被金繡大領衣, 四人對舞, 各執槍矛之屬多仿唐代及百濟時樂, 大設旨酒, 命妓傳觴, 磨墨題大字, 殊韻事也, 夜深歸署。

逕啓者, 天氣怎乍寒, 卽請台祉萬福, 頌禱, 本大臣昨日歸署, 專此報達, 順頌日安。

十一月初三日

朴泳孝

日本外務卿井上馨閣下

大朝鮮特命大臣, 朴爲照會事, 玆聞貴公使所乘郵便船揚錨之期, 定在貴曆本月廿一日云, 本大臣行將同載伊船, 辭陛日時, 務望先期示明, 相應照會, 貴省卿, 查照可也, 須至照會者。

右照會大日本外務卿井上

開國四百九十一年十一月初二日

### 初三日

晴寒, 海軍少將宗重正來見。

○致函於外務卿。

○外務卿送來復函。

○酉刻, 往晤外務大輔吉田淸盛。

○生徒朴裕宏, 朴命和, 送于福澤諭吉私立學校習語。

逕啓者, 弊國陸軍生徒李殷石, 申鳳模, 今已卒業, 造船生徒金亮漢, 亦領有器械圖卒業證章, 將來之實驗可期, 弊政府嘉悅之意, 當復如何, 仰念閣下, 前後指導, 勤意良深, 感佩何極, 又陸軍省, 海軍省諸公, 爲此勞念, 至有成業, 欽誦且謝, 煩請閣下, 代佈本大臣區區之衷於諸公閣下是望, 肅此順頌日祉。

開國四百九十一年十一月初四日

朴泳孝

日本外務卿井上馨閣下

陸軍卿大山巖
戶山學校長嘉彰親王
戶山學校次長長坂照德
教導團長渡邊英
陸軍少輔小澤武雄
總務局長上月秀實
海軍卿河村純義大輔中牟田倉之助
橫須賀造船所次長渡邊忻三
海軍權小書記官中溝保辰

敬啓者, 前承貴大臣信, 【壬午十月十一日發】囑以請將國産靑紋石烟草盒, 烏石小鼎及鍋各二座, 進獻皇宮一事, 當經先爲函復, 旋代遞入去訖, 玆准咨稱, 業已特各該物, 進上御前等因, 前來相應函報炤知。再閱參判屬有紅蔘二斤, 摺扇二十柄, 靑筆一百柄, 亦同遞入, 均經進上, 希爲代致知悉, 是荷專佈, 順頌日祉。

　　　　　　　　　　明治十五年十二月七日
　　　　　　　　　　　　外務卿井上馨
　　　　　　　　　　朝鮮全權大臣朴泳孝閣下

### 初四日

晴, 以辭陞事往議於外務卿。

### 初五日

晴, 往謝樺山資紀, 鍋島直大請宴。
○往謝佛國公使見訪。

○往晤淸公使。

○宮內卿德大寺實則致函, 請晤於芝離宮。【十九日午後四時。】

○外務卿送來復函。

敬復者, 准貴曆十一月初四日來文內, 開敝國陸軍生徒李殷乭, 申鳳模, 今已卒業, 造船生徒金亮漢, 亦領有器械圖卒業證章等因, 本大臣准此閱悉之下, 同深欣喜, 謹當將貴大臣謝悃, 轉致陸軍省幷海軍省各員, 知照可也, 耑此順頌日祉。

明治十五年十二月十五日

外務卿井上馨

朝鮮國特命全權公使朴泳孝閣下

## 初六日

晴答宮內卿函。

○以生徒事致函於外務卿。

○通事朴仁純, 有身病, 生徒金東億, 有事故, 俱乘汽船, 送東萊。

○外務卿, 送來照會。

○淸公使黎庶昌來見。


逕啓者, 本國生徒金和善, 槪送造甓所學習, 望貴省卿, 更煩指導, 俾爲就業之地千萬萬, 其月料金額, 自有布置, 乞鑑諒, 順頌日祉。

開國四百九十一年十一月初六日

特命全權大臣朴泳孝

日本外務卿井上馨閣下

以書簡致啓上候陳ハ貴曆四百九十一年十二月初二日附貴簡ヲ以テ閣下不日御歸國可相成ニ付御暇乞ノ爲メ謁見ノ趣致承知候右遂奏聞

處來ル十九日午前十時內謁見被仰付候旨御沙汰相成候間同日御參
內有之度此段得貴意候。敬具。

明治十五年十二月十六日

外務卿井上馨

譯漢文

大日本外務卿井上，爲照覆事，准貴開國四百九十一年十一月初三
日照會，以貴大臣不日歸國，擬請辭陛等因，前來本大臣，准此，當經奉
達宸聽，茲奉上諭，十二月十九日上午十點鍾着准觀見等因，欽此相應
恭錄諭旨照會，貴大臣遵照，卽於屆日詣宮祇候可也，須至照覆者。

右照會大朝鮮全權大臣朴

明治十五年十二月十六日

## 初七日

晴夜雨，法公使來見。

## 初八日

晴，致函於法公使。

逕啓者，日昨貴大臣，來署贈談，不任欣慰，貴國與敝邦，從來雖無通
和之約，今番天下如一家之運會，締盟交好諒必不遠，此貴大臣，前日
晤談，亦奉奉不已者也，茲有一事告以衷曲，朝鮮俗尙古樸，若聞異己
之論一出，輒關斥之不已，後日當弊國與貴國締約之時，惟傳敎一事，
初不必擧論于約款之內，望貴大臣諒悉焉，本大臣之意，專在于兩國，
函宜結盟，永以爲好，若或瑣細關節，有牴牾不合之處，則敝國古樸之
俗，必有硜硜不解者矣，關切在心，特此佈函，不宣順頌日安。

開國四百九十一年十一月初八日

大朝鮮特命全權大臣朴泳孝
大法國全權公使閣下

### 初九日

晴, 午前十時, 與副使, 從事官及隨員, 往宮內省, 請辭陛入省廳, 宮
內卿, 外務卿, 式部頭, 內務大輔皆赴公相接, 餉茶, 外務卿曰, 竹添公
使, 初擬陽曆本月廿一日啓輪, 而有未了事, 退定於廿七日, 貴行, 旣欲
與俱, 則似當差退矣. 余答曰, 事勢如此, 第當如教矣. 少頃, 日皇命入
待於便殿, 三使以次進, 行曲拜禮, 進前鞠躬而立, 日皇曰, 卿, 今我國
ヲ辭ス離情曷ゾ極マラン卿歸國セバ朕ガ懇親ノ意ヲ貴國大王ニ告ゲヨ
寒冷之候航海自愛セヨ. 語畢, 余讀頌辭曰大朝鮮國特命全權大臣兼
修信使朴泳孝, 敬面奏大日本國大皇帝陛下.【使臣】이번에 我大朝鮮國
大王게옵셔 부리신명을 밧자와 오온後로 大日本天皇帝陛下聖念으로
特別이 款接허심을입사옵고 속속히批准이되와 兩國에 和睦이 더욱깁
사온일은 使臣이歸朝하와 我主上게 奏達하오면 聖心이 嘉悅하심 응
당자별하시려니와 이후도 兩國의 交際가 漸漸日新ㅎ기를 바라오며 쏘
洋槍一大隊敎鍊ㅎ올거슬 보닉신다난말삼을 外務卿樣의게 드러사옵
나이다 이늠果然第一緊要헌일이오믹 我主上게오셔 깃거ㅎ오심 알외
을이로소이다【使臣】이지금辭陛하오며 下情에懸懸하오나 차차使節이
絡繹ㅎ오면 使臣도 또와셔 陛見ㅎ올날이 잇사오러니와 從此로 聖壽無
彊ㅎ옵셔 昇平ㅎ 天祿을 기리누리옵기를 伏祝하옵나니다. 讀畢退出,
又行曲拜禮而出, 外務卿傳言曰, 皇上, 呈禮物於貴主上, 以大刀一口,
純子二卷, 金繡卓被一枚, 且於大副官前, 賞賜以花瓶一對, 紅白縮緬
二端也, 領納焉, 余鞠躬答曰, 禮物, 謹當還奉我主上, 且使臣處, 賞賜
諸珍, 不勝榮感矣. 宮內卿及式部頭引接禮物及賞典, 令看審訖各肅揖
而出, 還署. 午後四時, 偕副使, 從事官, 古愚及隨員李福煥, 踐宮內卿

之約, 往芝離宮, 宮內卿, 大輔, 式部頭, 新舊公使大員十餘人, 皆已等候, 揖罷, 進茶, 已而請入內廳, 設椅以坐使行於主席, 諸卿皆分行以次坐, 請演日本古樂, 有所謂純樂者, 而稱曰, 半組也, 樂官四五人, 執笛簫缶鼓之屬, 皆着古服, 而坐於前面, 初演古鍛冶, 古鍛冶者, 古國主, 使其臣, 鍊寶劍, 其臣, 請神而鑄冶, 其設像鼓錘可觀, 次演融, 融者, 古左大臣之名也, 有勳勞於國, 死後爲神, 自設生時功業, 而發明罪過之像, 次演土蜘, 土蜘者, 古諸侯, 爲老蜘精, 幼僧作魔冊冊, 覺之斬之, 其臣僚賀祝之像也, 演三會, 日已暮矣, 燃燭如畫, 復邀余於中堂, 設西洋料理, 吹伴樂, 深慇懃, 食訖, 宮內卿擧杯頌賀, 余使事將竣而慰行也, 余若諸人, 皆擧杯答曰, 敝使到貴京, 多辱諸公善隣之擧, 曷勝感佩, 歸帆在邇, 還不勝悵黯也, 因出外廳, 吃茶肅揖而散。

### 初十日
晴, 以卹銀修送事, 照會於外務省。
○ 以禮物及賞賜事, 致函於宮內卿。
○ 夕訪淸公使黎純齊。

大朝鮮特命全權, 朴泳孝爲照會事, 照得陽曆七月廿三日貴辦理公使花房義質, 與本國全權大臣李裕元, 在仁川府所定約中第三款, 貴國官胥遭害及負傷者, 體卹銀五萬圓, 玆將貴國銀貨幣五萬圓送呈, 望查收而措劃焉, 爲此相應照會, 貴省卿, 查照可也, 須至照會者。

右照會大日本外務卿井上閣下
開國四百九十一年十一月初九日

逕啓者, 昨日因閣下奉皇旨, 寄付禮物大刀一口, 純子二卷, 金繡卓被一枚, 本大臣, 謹已拜領, 仍還奉還呈納, 肅此不宣, 順頌日祉。
開國四百九十一年十一月初十日

　　　　　　　　　　　　　特命全權大臣<u>朴泳孝</u>
　　　　　　　　　　　　　<u>日本</u>宮內卿<u>德大寺實則</u>閣下


　再啓者皇上賞賜本大臣及副使處, 各花瓶一對, 紅白縮緬各一疋, 敬
又拜登領受, 均不勝榮感之忱。


## 十一日

晴, 有郵便船, 修上狀啓。

○ 致函於機務處。

○ 發甘於<u>仁川</u>府。

○ 夕晤宮內卿, 謝宴餐。

　本年九月十一日, 兵隊<u>李殷石</u>卒業還歸時, 呈遞國書之由, 已爲修啓
登聞爲白有在果, 十六日與外務卿<u>井上馨</u>, 辦理塡補事宜, 期限以十延
引, 二十一日互換, 批准是白遣, 二十七日, 外務卿照會內, 稱公使<u>花房
義質</u>, 補外務省三等出仕, 外務大書記官<u>竹添進一郎</u>, 充辦理公使是白
乎所, 卹銀備報之方, 業已措劃是白乎旀, 今初九日辭見<u>日本</u>皇帝是白
遣, 臣等將與新公使<u>竹添進一郎</u>, 今十七日乘飛脚船, 發行計料爲白如
乎, 今聞有郵便船, 向往<u>仁川</u>故諸般緣由, 爲先馳啓云云。


　送機務處札

　向拜惠函, 欣喜可已, 遙惟峭寒, 僉候萬福, 頌祝, 【生】等, 凡諸諸事
件, 間已句當, 今十七日, 將與新公使<u>竹添進一郎</u>, 同乘飛脚船, 自<u>橫濱</u>
出帆, 到<u>神戶</u>遞乘<u>明治丸</u>, 因向<u>仁川</u>矣, 拜晤不遠, 預欣欣, 今因郵便
船, 將本使辦理各節, 修啓登聞, 而接待<u>日</u>使等節, 望諸公, 各別申飭,
無至臨時窘迫焉, 都攔不宣, 務企諸公, 同炤。

　　　　　　　　　　　　　　　　　　壬午十一月十一日

朴泳孝 金晩植 同啓

甘結仁川府

今此日本郵船社寮丸便, 狀啓一度及機務處所啓書簡一度, 玆以修
送, 到卽專發馳送于畿營爲旀, 且有所付物種, 另有該船主互換標記,
一同付送是如乎, 待該船到港, 特選謹幹親幋, 星大前往, 以此七張標
記, 交付該船後, 卜馱准數卸載, 輸納于本府官庫, 以待本大臣入疆之
日是矣, 檢飭校卒, 毋或有閪失破傷之弊, 宜當向事。

壬午十一月十一日

在日本東京特命全權大臣兼修信使印

**十二日**

晴, 外務卿, 有害。

以書簡致啓上候陳ハ貴國參判閔泳翊氏ヨリ其土産紅蒤摺扇靑筆進
獻致度旨ヲ以テ書簡添被差越候ニ付卽進獻取計候處右御報酬トシテ
別包陶器花瓶一對, 紅白縮緬二匹同氏ヘ下賜候間御査收ノ同氏ヘ御
交付相成候及御依賴候。敬具。

明治十五年十二月二十二日

外務卿井上馨

大朝鮮國特命全權公使朴泳孝閣下

**十三日**

晴, 外務卿, 有答照會。

○法公使致函請晤於本館,【西曆廿五日上午十一時】花房三等出仕, 來
訪請晤於本第。【明日上午十二時】

以書簡致啓上候陳ハ開國四百九十一年十一月初九日附貴書簡ヲ以

テ陽曆七月二十三日辦理公使花房義質ト貴國全權大臣李裕元ト仁川
二於テ所定ノ約款中第三款我國官胥遭害及負傷者體卹銀五萬圓今般
我國銀貨五萬圓正金銀行ノ滙票ヲ以御差越相成該金額正二致落掌候
此段回答申進候。敬具。

明治十五年十二月二十三日

外務卿井上馨

大朝鮮特命全權大臣朴泳孝閣下

譯漢文

　大日本外務卿井上爲照覆事，准貴開國四百九十一年十一月初九日
照會內，開照得陽曆七月二十三日，貴辦理公使花房義質，與本國全權
大臣李裕元，在仁川府，所定約款中第三款貴國官胥遭害及負傷者，體
卹銀五萬圓，茲將貴國銀貨五萬圓送呈等因，外附正金銀行滙票前來，
本大臣准此，所有五萬圓，業經照收訖相應照覆，貴大臣查收可也，須
至照會者。

右照會大朝鮮特命全權大臣朴

明治十五年十二月廿三日

## 十四日

晴，答法公使函。

○午刻，往花房三等出仕第午餐。

○以土物，分送于左錄諸人

外務卿井上馨，沁席一立，尾扇五柄，摺扇十柄，錦紬五疋。

外務大輔吉田淸成同上

外務三等出仕花房義質，沁席一立，尾扇十柄，摺扇十柄。

辦理公使竹添進一郎同上。

淸國公使黎庶昌, 紅蔘一斤, 尾扇五柄, 摺扇十柄, 淸心元三十丸。

伴接笠原昌吉, 土紬一疋, 尾扇二柄, 摺扇三柄。

三輪甫一, 土紬一疋, 尾扇二柄, 摺扇 三柄, 綿紬三疋。

巖田眞行, 土紬一疋, 尾扇二柄, 摺扇二柄, 錦紬二疋。

原吉也同上。

住永琇三, 尾扇二柄, 錦紬三疋。

國分, 鹽川二人, 尾扇二柄, 錦紬三疋。

等外等三名金三十圓, 綿紬三疋。

巡查六名五十圓。

小使三名三十圓。

給仕五名五十圓。

賄方一名二十圓。

料理三名十五圓。

下働一名五圓。

人足二名十圓。

馭者一名三十圓。

馬車驅從二十圓。

延僚館屬四十圓。

中村冶郎, 尾扇二枚, 摺扇三柄, 土紬一疋。

奧山巖, 尾扇一柄, 摺扇二柄, 綿紬一疋。

太和鎗太郎, 尾扇一柄, 摺扇二柄, 綿紬一疋。

靑松寺社中金三十圓。

主持北野元峰, 尾扇二柄, 摺扇三柄, 綿紬一疋。


# 十五日

陰, 夜雨, 致復函於外務卿。

○午刻, 往法公使館午餐。

敬覆者, 卽奉貴函, 悉閣下承皇旨, 於參判閔泳翊處, 貴賜別包陶器花瓶一對, 紅白縮緬二疋, 謹當交付, 第念貴皇上恩優若是周至, 本大臣已不勝感惶, 閔君之榮耀, 當復如何, 肅此不宣, 順祝日祉。

開國四百九十一年十一月十五日

特命全權大臣朴泳孝

日本外務卿井上馨閣下

同, 辭別於嘉彰親王, 貞愛親王, 能久親王, 三條太政大臣, 巖倉右大臣, 大木司法卿, 山縣議長, 西鄉農商務卿, 井上外務卿, 山田內務卿, 松方大藏卿, 大山陸軍卿, 川村海軍卿, 福岡文部卿, 佐佐木工部卿, 黑田內閣顧問, 佐野元老院議長, 德大寺宮內卿, 鍋島式部頭, 樺山警視總監, 吉田外務大輔, 鹽田外務少輔, 花房三等出仕, 芳川東京府知事, 長岡元老院議長, 仁禮海軍少將, 高島陸軍少將, 少澤中將, 宗重少將, 美公使, 比利時公使, 淸公使, 法公使, 荷蘭公使, 西班牙公使, 魯西亞公使, 伊公使, 德公使, 英公使。

○自再昨日滿城街道開市, 朝以繼夜, 以修守歲之嵩, 徹夜燈光, 人皆如狂, 蓋仿西俗而然也。

## 十六日
晴, 英公使及英兵學教師旺當, 英書記官查道, 皆來別。

○海軍卿川村純義及福澤諭吉, 來別。

○金亮漢, 自北海道返。

## 十七日
陰寒, 以金亮漢事, 致函於海軍卿川村純義。

○太政大臣三條實條來別。

○外務卿致生徒措處復函。

○陸軍卿大山巖, 三等出仕花房義質, 附書記齋藤修一郎, 皆來送別。

○外務卿, 餞以花瓶一對, 陶器一個, 烟草二箱, 大輔, 餞以花瓶一對, 菓子一個, 卷煙草千本, 三等出仕, 餞以杯十二箱, 皆卽修謝。【珍賜諸品, 受言甚愧, ○三函同】

○外務卿, 以仁川開港事, 有函。

○海軍卿, 有復函。

逕啓者, 生徒金亮漢, 航海所費紙幣一千圓, 玆送呈于貴省, 望閣下, 送橫須賀造船所, 凡諸所用, 隨時割給, 爲祈, 且其勤慢, 乞閣下時時督責, 俾得卒業, 千萬千萬, 月金酌定, 留此弊國朝士, 當有奉議也, 爲此不宣, 順頌日祉。

大朝鮮開國四百九十一年十一月十七日

特命全權大臣朴泳孝

大日本海軍卿川村純義閣下

逕復者, 前接紀四百九十一年九月二十一日及十一月初六等日來信, 均稱本學生徒, 擬授各技等因, 俱已知悉, 其將其情, 照咨陸軍, 文部, 農商務, 工部各等省, 去後, 旋准各該省回咨, 稱幷無窒礙等因, 前來相應函達知照, 至於學習一切事宜, 請就本省主辦員役, 自商可也, 惟陸軍省, 片稱士官學校, 必須將其頭髮, 衣服, 與諸生徒, 悉從一切, 否則於授業上, 諸多不便等語前來, 幷請知炤, 所有十一月初六日來信, 後尾所稱尹致昊, 本請屬之農學校, 今擬改學英語, 又金東億, 適有事故, 今欲還國各等情, 亦已知悉, 當經轉咨, 各該省知悉矣, 專此佈復, 順頌日祉。

明治十五年十二月廿七日

日本外務卿井上馨

朝鮮特命全權大臣朴泳孝閣下

以書簡致啓上候陳八仁川開港ノ義貴國騷擾ノ爲メ延期相成居候所
來ル明治十六年一月一日ヨリ我人民渡航通商致候間此段及御通知
候。敬具。

明治十五年十二月二十七日

外務卿井上馨

朝鮮特命全權公使朴泳孝閣下

覆者, 差送貴國生徒金亮漢, 爲修航海術, 所費紙幣一千圓, 玆領其
金額, 並來示如夫月金酌定及督責勤慢, 則應請一切如今朝所面罄貴
价者, 而其劃給之額, 亦以時詳報之矣, 請諒之, 專此不倦, 順頌近禧。

明治十五年十二月廿七日

大日本海軍卿川村純義。

大朝鮮特命全權公使朴泳孝閣下

## 十八日

晴, 渡邊洪基及山縣有朋, 來別。

○己刻, 治裝出停車場, 式部頭及權頭, 意公使蘭士烈士, 工部卿佐
佐木高行, 工部大書記官安川繁成, 皆送別, 乘汽車抵橫濱, 訪別荷蘭,
西班牙, 白耳義三公使, 卽往水師營, 花房三等出仕, 井上外務卿, 東京
府知事, 長崎縣令, 神奈川縣令, 荷蘭公使, 皆來送餞, 自宮內省饋以午
餐, 午後四時乘船, 船名名護尾丸, 【飛脚明輪】金承宣【玉均】及徐從事
官【光範】已承勅命, 落後而皆至船上送別, 難爲分水處也, 花房三等出
仕, 亦至船上贈別, 少頃竹添公使至, 因爲擧錨, 入夜微有風濤。

## 十九日

晴，風恬浪平。

## 二十日

卯刻，船泊神戸港，歇下西村屋，店主以幸宿之緣，出迓歡欣。

○送土物數種于名護屋丸艦長。

○英領事阿須敵及明治丸艦長，來見。

## 二十一日

晴，往別英領事阿須敦。

○午後十時與竹添公使，替乘明治丸。

## 二十二日

晴，午前四時，擧錨。

## 二十三日

晴，風緊停錨。

## 二十四日

晴，午後四時，船泊赤馬關，芸榴諸人，待之久矣，下月波樓欣唔。

## 二十五日

晴，上午八時上船，因擧錨。

## 二十六日

晴，風浪大作，搖蕩不穩。

## 二十七日

晴, 下午二時船舶濟物浦, 望見京國靑山, 不勝欣豁, 時際嚴冬, 氣候與日本大異, 乘舢板船, 下花島鎭, 舍仲及知舊, 咸留待數日, 相晤懽喜, 乘暮入仁川府宿。

○修上渡海狀啓。

○致函于竹添公使。

今十二日, 日本郵便船, 臣等與日本新公使竹添進一郎, 今十七日開船之由, 已有登聞, 是白有在果, 以船便差池, 始於二十八日申刻, 乘名護尾丸離發, 二十日卯刻, 進泊于神戶港是白遣, 二十二日辰刻, 替乘明治丸, 二十七日未刻, 到泊于仁川府濟物浦是白乎所, 從事官徐光範段, 謂有成命是如, 留在日本東京是白乎旀, 臣等, 明日當爲復命是白遣, 公使竹添進一郎, 再明日入城云云是白只緣由, 爲先馳啓云云。

逕啓者, 本大臣, 請貴國人牛場卓造, 井上角五郎, 高橋正信, 松尾三代太郎, 眞田謙藏, 三輪廣藏, 本多淸太郎, 右七人雇立以來, 望閣下, 知炤於貴領事館可也, 爲此不宣, 順頌日祉。

大朝鮮開國四百九十一年十一月廿七日

特命全權大臣朴泳孝。

大日本辦理公使竹添進一郎閣下。

## 二十八日

晴, 卯刻發向京城, 到梧里店中火, 酉刻到闕下, 亥刻承旨復命, 上, 勞問, 奏對畢, 丑正還家。 使和記略 終

# 使和記略

## 사화기략

使和記畧

朴泳孝 記

〔解說〕

使和記略은 高宗卽位十九年(西紀一八八二年) 壬午六月에 日本將校에依하여

新式訓練을받은 別技軍에對한 舊軍人들의 不平이 暴發되어 일어난 壬午軍亂으로

일본미야마 日本敎官堀本禮造大尉가 被殺되고 日本領事館이 被襲되어 公使花房

義質은 仁川에서 겨우英國測量船으로 本國에겐드갔는데 이에對하여 日本은

强硬한態度로 軍亂의責任을 追究하여 다음七日 土津應理로 解自間에 濟物

浦條約(濟物浦條約)이 成立되었는데 거기에서 ①軍亂의責任者를處斷할것 ②韓國資料는 日本에對하여 損

害賠償金으로 五十萬圓을 支拂할것 ③謝過使를보터 이約定에依하여 歸依尉朴泳孝가 修信使로

本에보내서 謝過할것等을 約定하고 從事官徐光範을 同

遷任되어 今月二十五日 全命을받고 八月一日 副使金晩植과 從事官徐光範을 同

二十八日 使命을마치고 王의密命으로 同道하여 서울을떠나기로 全年十二月

하고 左到道로校理金玉均은 王의密命으로 同道하여 朴泳孝自身과의記文이다

따라서 이日記文은 韓國의近代化過程에 잊어서 韓國國際및對外事情을 理解하는

데 基本史料가 될뿐아니라 當時의日本水路 +九風俗習慣等을 概觀할

22043

3

수 있으며 西國間의 國交書式과 韓國의 關稅問題等을 살펴볼수 있는 特히

우리 國旗制定에 關한 經緯가 仔細히 記錄되어 있어서 國旗에 關한 文獻으로는 가장

根本되는 것이다.

寡聞한 바로는 이 日記文이 아직 刊行되지 않고 李瑄根博士가 一本을 所藏하고있다

는 말만을 알고 있는데 直接 보지못하였고 今般本會가 謄寫合本으로 얻은 것은 當時

從事習으로 隨行한 余光範의 私記이었던 筆寫本으로 이 條氏의 所藏本이었으며

推測되는 바인데 現在는 金山에 계시는 大邱眼科院長 金商業氏의 所藏本으로 되어

있다.

끝으로 先生이 本會를 爲하여 ㅗ秘藏本의 貸出을 快히 承諾하여 주신 好意와 아울러

이筆寫를 擔當한 大學院學生 金義煥君의 勞苦에 感謝의 뜻을 表하는 바이다.

一 檀紀四二九一年 X月 日

金 山 大 學 史 學 會

大朝鮮開國四百九十二年

上之即阼十有九歲壬午七月二十五日伏承　特命金權大臣兼修信使之啣便奉

國書聘日本　臣　謹按是役也因六月軍變日本勤兵改定續約之後一爲換

批一爲修信而行也自承是任後夜憧越將未知何所克當也

八月初一日詣　闕謝　命　上引見切　諭　恩旨感激仰金權副官兼修信圈使

金承旨晚植從事官徐注書光範一時辭陛申刻奉　國書及礼幣出崇礼門

知蓮嵐出郊贈言難禁去國之憬金校理玉均亦旋是役奉　上密論詞向日本

東京大尉飲水之懷也　西刻從行人及隨員柳赫魯　朴齊絅　李福煥

金裕定　邊錫禀　金龍銘從者　金鳳均　曹漢承　朴永俊一齊登程

多刻抵富平石川五十里訪滅人徐氏相定宅點心小憩

初九日晴寅正發程辰刻抵仁川濟物浦三十里日本兵墨尚未盡撤辦理公使

花房義質搭見卽有幹往南陽海岸約以晚天暘會于南洋而去少頃花鳥別

將供午飯飽託高雄謙　三請上仙攷船上發程狀啓齊向日本船船名明治九也

登艖樓關判·泳翊已到舩中欵握船製靈必莊嚴船長饋四洋料理未正擧錨酉初到

5

南洋前洋五里下碇開儀砲聲以待茈房公使也　狀終原文

初十日微雨卯刻茈房公使乘汽船來會卯正啓輪回壁漢上諸山有若聲翠遠人

盡日風靜波怡如行鏡中不知涉海之勝矣

十一日晴午後風緊一行多有嘔吐者

十二日晴寅正抵赤馬關是長門州界也自仁川濟物浦至馬関合爲二百六十里（日本里爲朝鮮八十里假量）○從仁川針箭午路一直至務安獨島又自獨島差向卯程船行與陽濟（州之間）

復又歷對馬島而至馬關山川秀媚有冊栖樓觀之勝與諸行人及茈房公使

上岸乘人刀車入風月樓歇下主人供午饌甚精潔樓在岸腰前臨平湖下瞰

萬井管絃梵唄相和於烟雲竹樹之間絡尚好設層樓複閣藤床竹簟潔

無纖塵奇花異葩與調假山俻置天然洵可愛也更觀俵樓有冶遊郎招妓俻

鶴抱長裾東廣綬凝髫雲低髮影飄然若霓裳羽衣之舞抱三絃琴彈以

牙槽音似伽鄉古曲唱歌數闋淸越可聽西刻赤間関區長遠藤貞二郎邀茈房

公使及本便於公苑設燈戯民家各懸國旗岸上波心齊放紅燈如萬里燦

爛開祝礮十餘聲所以賀兩國行成之意也海軍少將仁礼景範水軍諸將佐齊

至勞余及花房公使酒進藝妓數十拼絃度曲曳裾呈舞有遊龍驚鴻之態宴

撤歸風月樓雨下如注促歸船上夜已十時矣

十三日晴卯正擧錨船行兩岸之間北狹固防安藝備後備中播磨備前六州界

南狹豐前伊豫讚岐三州界島嶼點綴波面嵐翠龍人樓台璀璨湖山濃淡

極瓏接不暇之勝

十四日晴寅正抵神戶是兵庫縣也灣路州作兵庫門戶開港以神戶名焉自馬關

至神戶爲一百一十里日本比馬關雄潤壯麗不啻信筵得背山控海之勢辰刻

乘小輪船下陸到西村屋歇下登樓憑眺撲地閭閻畫勢居多裙影殷殷古雅翩

翩殆怡人目而旅懷也小項英庫縣令森岡昌純來見話罷縣令向傳譯

回啣并縣令夕爲花房公使設小酌貴大人如無公務茅圖邀屈與同圈之歡

云因辭赤酉刻縣令果邀請余與副使有夜未趂從事官徐緯山隨員柳

赫魯金裕定邊錫胤掛會以謝主人迷客之意戌刻觀燈戲而還具言

花房公使三毋夫人來參宴會年可七十餘去盖神戶民人賀兩圈行成之舉

世過宵放燈文設槍戲士女熱鬧雜踏不料此中有此繁華靈風氣也

凝眸憮然者久矣 ○ 翌日 日本勤兵之際聲孙敏之徒 稱以義兵 不日而聚至

萬餘 鳩金出鉤一戰為崇 以日逆不許皆怏怏而散之間之寒心觀我邦民氣柔

懦未曾敵燒之風深有愧焉 ○ 新製國旗 懸寫樓旗竿 自質而縱畫

不及廣五分之三 中心畫太極塤以生月紅四隅畫乾坤坎离四卦 曾有受命於

上也

十五日 晴 未刻皆副使往見 森岡昌純曰 俺本薩州人也 薩人素稱勁悍民論

固執鎖港 俺亦主論中人也 世務日变政裁超新昔日嫉視之西人豈料肘

腋之逼處朝夕之與俱而維新將近廿餘民志尚患梗滯如貴國向日之

擾固是料中事也 願貴国鑑於敝邦務便有條理不可囫圇癈食且日

貴國現経理不數不得不大開礦務而亦須知英未得良法則每見水

盖反損之道也 娓娓數自言井井有提投露無隱 可知有心人也 移時

歸寓樓 ○ 戌刻聞花務公使坐明治丸向横濱 先遣柳赫魯會金龍鉉

金錫胤 李福喚 及生徒朴容宏 朴命和 從者曹漢承 往横濱等候

十六日 晴 英國領事官 阿須敦比利時代理来見

十七日晴　英國領事官來見

十八日　徵陰德國領事官來見　英國領事官同妻致函請晤　二十日晚餐

十九日雨訪英、美、德領事官并回謝

二十日雨夕偕副使從事官古愚訪英領事官晤話

二十一日晴偕副使往寫眞館照影　○未刻訪比利時領事官回謝　○兵庫縣

令及英領事官來見

二十二日晴往別英領官　○午刻偕副使訪古愚於溫井浴室　○觀瀑布

○釜山船便修上狀啓

折衝將軍行龍驤衛副護軍全權副官兼修信副使臣金　上輔國崇祿

大夫特命全權大臣兼修信使臣朴

本月初九日巽時量自仁川府濟物浦發船之由已爲登聞爲白有在果

當日留碇正宿于南陽外洋是自四可望朝行船至十一日巳時量到日本赤

馬關下碇臣等一行下陸少憩代時量復駱輪十四日卯時量至神戶下陸仍爲

止宿于店舍待汽船未到發向東京計料爲白乎旅本國國旗、新製憲事旣有

處分故令已造就大中小旗三本而其小旗一本上送緣由馳啓爲白臥乎事是

良尒詮次 善啓向敎是事

開國四百九十一年 壬午八月二十二日午時

特命全權大臣兼修信使朴爲相彥事今有時急 啓聞事修落以送向

啓本一度并機務處所立書簡一封信對于船便到即星火迅撥圖夜馳上毋

或遷誤爲旅機務處回信到即定令劃通事覺船便來納于日本東京本

大臣所駐舘宜當向事合行移關請

右
　　關

東萊府使

開國四百九十二年壬午八月二十五日准此

特命全權大臣朴押

送機務處書

國旗標式在明治九中與英領事阿須敦議到則伊言該船船長英人周行

四海檣識各國旗號又各色分別遠近異同均能洞知立故與之商議則

太極八針之式特別出色然八卦分仰頗覺稠雜不明且於各國之仿製甚不便

易只用四卦圖之四角則更佳又言外國國旗外必有君主之旗標蓋仿樣

於國旗而設采設紋繁鮮最好之國旗大中小各一本便該船長裁製小本

今修路上送

二十一 上旗號 太極中居八卦拱布于旗之邊幅恐好賀則專用紅色似屬鮮

明也既與各國通好之後凡出使者礼不得無國旗為遇有各港口各國共

艦載礮六門以看則必有祝礮以礼待之伊時當揭該國便任國旗而別之

文遇有約各國各等慶節有懸旗相賀之礼各國公使相会以國旗表坐

次均此各件關不得製帶團旗而 英、美、德、日各國均請仿畫云云此係仰

明於天下者也詳細

上達為仰

來明治九到赤馬關該處官民賀兩國和議更威設燈綵于公苑大開宴席而

邀之故赴會士商官民雜還并臻替手盃酌賀語津津其國俗頗有可觀夜閒

對岸槍戲又作彌空遍海盡是錦繡亦足以暢快夜眺及到神戶其人戶之繁商旅之盛

十倍於焉關而又有愛賀會過患眩未甚耳明治九再昨駛還東京為一行多

患水疾姑住幾日以俟裹脚船便而外務卿井上聲香來留於此可同船向東京去其書

之勳勳略有另錄望諸公深商而明白　稟達速有回音焉

與井上聲香談抄

井上聲問貴大臣全權係是何事以兩件事答之伊又言我朝廷何來專為稅則一事

便花務公須到貴京辦理事未告竣貴國變亂起國屬兩國不幸而今招為變成

貴主上特命全權到此此誠兩國人民之擾于天下萬國之延頸之待者也今全權之

只有填補換約二件實屬貽笑天下且稅則一款是貴國最急務也壞花務

所言大節洵已歸正小目亦就緒今貴大臣之來若又不能證定則非獨為貴

國吃虧不少日本政府之取誚於天下久矣蓋貴國之持疑不決者以為收稅之事

未能洞察利害而恐被日本之見欺而已也假便敝开國真有凱不公之意為

貴國又有失者多矣為常慣於稅事見壞於人適商幾年未收一角之稅其利

害又何居且欲洞識稅關事函宜定稅照以增關歷而得實驗也此所以

敝國數十年來今始覺得其利害原委方擬改約于各國者也其所謂征稅一

節雖西人之博學多識者如未經海關之任終不明知其況貴國未曾與各國通

商者予今有一言可以奉告望貴大臣急即報達于貴朝廷日本國有外務卿井上馨

者言稅則之大節目一依貴國與歐米三國定額爲準至於細目亦當公平安議

期速征收以補經用之萬一此誠日本政府之公議也唯改稅約年限促期議定則

施行之利弊亦可隨時而矯整又如貴國與各國定稅後日本約欵有未平允之

案件亦任貴團更議而革之愚衷所論一至於此而貴朝廷猶有不決亦未敢

知也云云反復申申始不可盡記而旣有彼言之如此亦不可無懼實仰報玆其略錄

望諸公深商熹定如以及今照定爲事則須即商確大小并原約案不付之

茶府爲可又君有仁港船便之速來者順付亦可只貴火速安議囘敎耳

接支洪

二十三日晴辰正乘汽車自神戸向大津還過西京西京府知事送一等屬官迎

二十四日陰周覽西京諸處

二十五日雨囘路到大阪大阪府知事遣少書記官及一等屬官迎接支洪觀製銅

製器等廠及砲兵工廠

13

二十六日 陰 往陣台觀錬兵又琉造幣中局還至清華樓 金校理徐從事官不

到午後五時自大阪還至神戸兵庫縣令送馬車至鐵道場

二十七日 晴 偕副使金校理徐從事官 往寫眞局照影

二十八日 晴 往別兵庫縣令不遇

二十九日 朝晴晚陰 兵庫縣令來別 ○午後一時一行出筭渟 乘東京丸 明輪 船脚 由浪浦呈碇

井上馨與俱八時擧錨微有風濤比曉雨灑風浪大作不得行船

三十日 朝雨晚晴風勢一向未得行船與井上馨相見

九月初一日 陰 丑正行船風不止過遠江灘一行嘔臥不起

初二日 晚晴 午後四時到泊橫濱 自神戸至橫濱為

自外務省已備出張所 公使花房義質外務大書記官次添進一郎以迎

接次出待暫歇于今村店戍刻出停車場乘汽車向東京一時間抵青松寺

歇下寺製深宏潤池台圓林幽邃可愛宮内省供一應支辨頗見慇懃

外務大書記官次添進一郎及葵任御用掛笠原昌吉一等屬三輪南一六等

屬岩田眞行十等屬原吉也 判任御用掛 往永琇三外一等 安保清 午賀剛

小野勝義語學生徒國分象太郎伴接聽候上副使及從事官各定一室隨

員共會一大室又另有内外客廳俱鋪花氈飴館門内設巡查下撤把守茶

菓燈燭之費巾櫛沐鹽之具纖悉俱備毎日供飯三食豊以潔〇以抵京照

會於外務省

大朝鮮特命全權大臣兼修信使朴　　　　為照會照得本大臣奉

特命全權大臣之任與全權副官金晩植從事官徐光範隨員柳蘇魯　才

福煥　朴齊絅　金裕定　邊燧　金龍銘　邊錫胤　從者金鳳均　曹漢承

朴永俊今於八月初九日由本國啓行本月初三日抵到貴京相應照會

　　　　　　　　　　　　　　　　　　　右照會

貴卿查照可也須至照會者

大日本外務卿井上

開國四百九十一年九月初二日

初三日　晴　解回緝祥

初四　晴　致書于外務卿〇外務卿覆書來

連啓者即惟　崇候介算頌祝本大臣卽航之日宜卽造晤奈緣風濤為

苦薄添微痾延竚有日歎愧珠深擬於明日午後一點鐘趨詣貴省茲先奉函仰候

回音順頌　日祉不宣

壬午九月初四　朝鮮特命全權大臣朴泳孝

日本外務卿　井上馨　閣下

逆復者梅誦　函示　藉悉

閣下貴曆九月初五日午後一點權枉賀過我屆時謹當在省拱候

尊恙臨波之苦想不竟日而常復順頌　日祉

明治十五年十月十六日　外務卿　井上馨

朴泳孝　閣下

初五日晴午後二時偕副使從事官及隨員李福煥全裕定乘馬車往外務省

大書記官竹添進一郎延入客廳設支椅於圓卓四圍坐少頃花務公使入揖

復少頃外務大員七人次第入揖外務卿井上馨大輔吉田清成少輔塩田

三郎公使花房義質就主位以次坐余與副使從事官就客位以次坐大書

記官大添進一郎權大書記官光妙手三郎小書記齊藤脩郎權小書記

16

亦羽四郎 設椅於卿後而坐兩隨員設椅於余後以坐三等屬傳語官

淺山顯三立於卿側寒暄畢卿曰航海諸節得無勞苦乎答曰幸免大恙

我曰頃者弊邦民變實屬夢外於即行戍嫌我頓釋交際益密可謂

萬幸也卿曰因凱而交誼益敦深爲慶賀余因出示全權字據草本於卿

從事官傳書契於余余轉致於卿卿以下輪看卿曰今覽貴書契從

此交際了無疑帶矣余曰今奉國書而來陛見日時幸趂速貿定焉因

傳國書謄本於卿卿以下諸員覽畢卿曰明日是國祭日間當專達朝

廷通報矣余乃出示陛見時頌辭抄本因辭別甫擬歷訪外務卿於官宅

投三使名帖而還〇申刻外務卿井上馨致唧來謝延入客廳叙畢我曰

呈國書時孔次圖式請書示卿曰第當如教矣因辭去

全權字據

大朝鮮國 大王派上輔國錦陵尉朴泳孝爲特命全權大臣龍驤衛副護軍

金晚植爲全權副官前往日本進呈國書幷與

大日本國 大皇帝或太政府大臣批准續約兼辦塡補事宜申締友宜永保和好

卿等均忠勤酶謹必能辨理妥協巴比諭於

開國四百九十一年八月初八日在漢陽都城用寶者卿執爲的確憑據

書契

謹慈照會者弊邦六月初十日軍乱寔古今所未有之變世伊時倉皇急遽

未及專函介玆另陳梗槩以佈同患共憤之意仍念變乱甫定欵好宜

函現有弊邦

朝命派特命全權大臣兼修信使錦陵尉朴泳孝全權副官兼修信副使

金晩植從事官副正字徐光範專往貴國辨理交際未盡事宜自可酌量

妥協望 貴朝廷誠信相孚克致和務無任覷企敬頌

另具者弊邦與 台安

貴國素敦友好自頃以來尤有輔車唇齒之勢族保此和輯永遠旻證詎

意變生不虞乱逆闖發飇起簞轂承突 宮闈致斁弊邦

王妃潛御私次輔臣近臣同時被害至 貴國便舘被燹敎師遺戕無皋辜

非命乔罹慘酷訊古今所未有之陽乱巴皆綠敝邦臣憝不能賛襄

朝命綏請邦務以至於斯無面可顯何幸　貴國不念芥滯惟重驩好

重派公使不日屆境復申欵約此實兩國不幸之幸敝外邦始愈終感淶認

貴國善隣至意不知所去凶徒鄭喬隣等十八人先己擒獲正法繼捕孫順吉

等三人即行處示李應學等三人情犯善輕并嚴刑遠流此在敝邦刑典所

不容逭并同　貴公使酌議公允如律懲辨永示鑑戒仍布諭中外俾慈

聞知從玆冀臻大和共保休福并望　貴朝廷諒察言

初六日雨外務卿致陛見照會

以書蘭致啓上候陳八閣下御國書奉呈ノ爲メ我皇帝陛下へ謁見ノ儀節

請求二依リ我皇帝陛下へ遂次謁聞候處來ル十九日午後第二時閣下ヲ

御延見可被遊旨被仰出候其日時御參內有之度候此段得貴意候敬具

明治十五年十月十七日

　　　　　大日本外務卿　井上　馨（印）

大朝鮮特命全權公使　朴泳孝閣下

譯

大日本外務卿井上　　照會事照得　貴大臣為呈遞　國書請觀戎

皇帝陛下一節當経奉達　宸聽兹奉　上諭准於本月十九日午後二點鐘接

見　閣下欽此相應照會　貴大臣遵　照屆其日時詣　宮可也湏至照

會者　右照會

大朝鮮特命全権大臣朴

明治十五年十月十七日

初七日雨送答照會于外務省〇先送國書中另與礼物於外務省〇外務

大輔吉田清成少輔塩田三郎即來見〇戌刻外務卿送来書函〇文部卿

福岡孝氣致函〇答井上外務卿信函

大朝鮮特命全権大臣朴　　為照覆事准　貴省卿照會内稱本大臣

為呈遞　國書請勲見　皇帝陛下一節已經奉達准於　貴暦本月十九日

午後二點鐘接見相應照會等因前來来本大臣謹已拜領仍當届期詣

宮親為進　呈　貴省卿查照可也湏至照會者　右照會

20

開國四百九十一年九月初七日

礼物四種　國書中另具看

麗文提綱一部二十五冊　　高麗甕器一事

沁産紋帛十立　　　　　　銀盤床一具十九件

　　　　　　　　　　　　用表微儀尚冀

鑑納

本月廿八日一ツ橋外東京大學ニ於テ卒業生即學位記授與式擧行候ニ付同日午後四時三十分同學ヘ請御来臨候也

明治十五年十月十八日

朝鮮國便節　朴泳孝閣下

日本文部卿　福岡孝弟

追而本場ノ都合有之候ニ付随員二名ヲ限リ御・連相成度御来臨ノ有無ヲ来ル廿五日迄ニ御報有之度候也

以書簡致答上候陳八来ル十九日閣下代皇帝陛下謁見ヘ被御付候節

右御序ヲ以テ閔泳翊金玉均ノ両氏ヘ御傳達ノ上閣下参内ノ節御同伴

相成度此段得貴意候　敬具

明治十五年 十月十八日

大日本外務卿 井上 馨

大朝鮮特命全權大臣 朴泳孝 閣下

譯漢文

敬啓者准於本月十九日我皇帝陛下接見 閣下 茲奉 上諭著

閔泳翊 金玉均准其順便觀見欽此相應恭錄 諭旨函告 閣下

請煩轉飭閔金兩位遵照候至 閣下詣宮之時偕同趨赴可也肅此順頌

日祉

明治十五年十月十八日

大日本外務卿 井上 馨

大朝鮮特命全權大臣 朴泳孝 閣下

敬覆者現接 貴省卿函稱准於 貴曆本月十九日 貴國皇上接見本

大臣時閔泳翊 金玉均順便觀見奉有 上諭等因前來本大臣即已

轉飭閔金兩人均當敬謹奉 旨勿念 貴國 皇上特恩寶出格外本大臣

感惶已無可比伊兩人榮耀當復如何其進見之節伊當有函煩閣下也事

此佈謝順頌　曰安

開國四百九十一年九月初七日

大朝鮮特命全權大臣　朴泳孝

大日本外務卿　井上　馨閣下

初八日晴外務卿致函〇午後二時自宮内省送馬車偕副使從事官至

赤坂離宮即入宮及省千車宮及外務二省大員二十餘人皆被金繡大礼服

已待候矣　叙畢移時入別殿曲廊複道深而官闕不甚壯麗立少頃曰皇

自内殿出坐椅容議整肅部頭兩人前導三使以次進至褥行曲拜礼進前鞠躬

日皇起立免冠身材眼恢恢有量余敬手捧國書納

日皇　日皇欠身捧讀一遍數音洪亮乃言曰　貴國大王安寧欣喜堪之

今度卿ヲ全權大臣トシテ我國ニ派遣セラレ其親書ヲ領ス永遠知好ノ

親密ナルヲ信ズ

日皇語外務卿譯聽訖余讀頌辭一摺少立退出至褥三使又行曲拜礼以侍複

道外務卿復出公所〔邀〕芸楯吾愚使余導之三人進行曲拜礼趨而進

日皇向芑楯言曰以國事勞瘁今則安安可幸芑楯答曰格外名待如是

勞問感惶惶次向古愚言曰卿春間渡海尚之一面而頃間貴國變亂何等

驚憂旋即整頓無事航海可幸 幸古愚答曰如是慰念不勝惶悚

少玉退械曲拜而出至宮叱省分茶甫捐還署 〇午後訪狀見親王不遇

太政大臣三條實美在家接見右大臣岩倉具視病不見外務卿井上馨

在官宅晤話國書

　　　　　　大朝鮮國大王敬白

大日本國大皇帝 予托

天麻自興 貴國修好以來歡洽無間頃偵軍民搆亂幾致兩國滋事擾攘

甫定款約己申兹派全權大臣兼修使錦陵尉朴泳孝全權副官兼

修信副使副護軍 金晩植專往 貴國重修和好永保反睦予知朴泳

孝忠亮敏金晩植綜練懃愼必能一切協理務所 並春推誠

申諦文宏共高休祉予有孚望焉

李 〇 寶

頌辭

大朝鮮國特命全權大臣兼修信使　朴泳孝敬函

　奏

大日本國　大皇帝陛下　使臣　敬奉代　大王　特授　論旨謹代頌　帝祚作彊

際茲　兩國款約已申交誼益臻敦密大小官民胥勝慶忭仍伏念玆

大王深欽　大日本　大皇帝隆功盛德薫品光微四修一新之政外擴遠邇之

文其在近隣尤惟深誠於是焉微瑣媷苏一時擇如惟頒從吼輔車勢

肇大小相資便　兩國黎庶共沾雨露之恩永富玉錦之慶仰惟

大日本大皇帝閣衆　大王奉奉聖意正應　欣悅倍加便臣　謹將圖畫遺至

御覽謹

　奏

拜啟陳者明二十日拙宅ニ於テ晚餐差上度候間同日午後七時御光

臨被下度敬希望候　敬具

明治十五年十月十九日

朴泳孝閣下

井上　馨

拜復者即奉 貴函欣敵良晤明天 盛速敢不惟 命謹當及

時趨晤溯氿不宣

井上 馨 閣下

壬午九月初八日

朴泳孝

初九日 陰 訪喜彰親王能久親王司法卿 大木喬任 參事員議長山縣有朋

農桑務卿 西鄉從道 陸軍卿 大山岩 文部卿 福岡孝弟 工部卿

佐佐不高行 內閣顧問 黑田清隆 元老院議長 佐野常民 宮內卿

德大寺實則 武部頭 鍋島直大 警視總監 樺山資紀 東京府知事

芳川顯正 外務大輔 吉田淸盛 小輔 塩田三郎 皆不遇 大藏卿 松方正義

海軍卿 川村純義 在家晤話 午刻遇 花務公便第午飯 多野東人書

畫出示 ○代刻偕副三行人芝楣古愚 尹南陽雄烈 赴外務卿宅晚餐

○致函於 外務省

敬啓者本國留學人 金亮漢 在留 貴國造船所學習向日要學

鑄鉄得 貴省免狀及 依賴書前往釜石鑛山矣不幸半途 見失未達

而地而還望　貴省卿訪來瞰意茲給免狀及依賴書佴得往來爲應

幸甚待瞰佈告兼縷　日祉　開國四百九十一年六月初七日　大朝鮮特命全權大臣 朴泳孝

大日本外務卿　井上　馨　閣下

初九日晴　訪英國全權公使　米國全權公使　意大利代理公使　獨逸代理公使

相見法國全權公使　魯國臨時代理公使不遇　○內閣顧問　黑田淸隆

大藏卿松方正義　元老院議長佐野常民　陸軍卿　大山岩　工部卿

佐佐木高行皆來見

十日晴兵隊李假石喇以卒業歸國便付狀啓　○淸國公使　黎庶昌　繙譯官

梁殿熙陸軍大尉瀨口重雄　外務大書記官石橋政方　陸軍少將高島

鞆之助來見

將仕郞權知承文院副正字修信從事官　臣　徐

折衝將軍行龍驤衛副護軍兼修信副使　臣　金

上輔國崇祿大夫特命全權大臣兼修信使錦陵尉　臣　朴

27

去月二十二日在神戶修 啓上送于釜山船便爲白有在果二十九日戌時量

始騎汽船出洋今月初二日申刻到泊于橫濱是白如乎辦理公使花房

義質以迎接出待外務大書記官竹添進一郎以伴接出待乘汽車一時頃

抵日本東京住接于青松寺一行文供目宮四省進排而周孔不得是白

乎旅初五日始詣外務省傳遞書契是白遣初八日詣赤坂宮謁見日本皇

帝呈遞國書是白遣日間又將公幹高定塡補事宜批准互換次等舉行

計料爲白乎旅兵隊李殷名以唎以受學問已卒業領有該國証書今

方復路歸 國是白只緣由順便馳 啓爲白臥乎事是良尒詮次

善啓向敎是事

開國四百九十一年九月 二日申時

十二日晴 太政大臣三條實美 東京府知事芳川顯正 參事院議長

山縣有朋 警視總監樺山資紀 海軍卿河村純義 英國公便槐須

領事官阿須敦 意太利公便法國公便皆來見 ○以兵隊申鳳模受業

事遣名帖于戶山學校長長坂照德致意 又以李殷名卒業事送名

于陸軍教導團長 少將少澤武雄致謝○花房公使淸國緒譯官梁

殷熟來見○答文師卿福岡考弟書○英國公使有函即答

來論諒悉大學生徒卒業曖興其盛學也謹當屆期趨造獲覩

盛儀庸此不宣

　　　　　　　　壬午九月十二日

大朝鮮特命全權大臣　朴泳孝

大日本文部卿　福岡孝弟　閣下

大英國全權公使　橫須謹呈

大朝鮮國特命全權公使　朴泳孝　閣下　千八百八十二年十月二十四日曜第

謹俟回音於東京

七時將於敝廾宅晚餐、茲乞枉賀來賁

千八百八十二年十月二十四日　英文難抄漢字飜譯下倣此

遲復者即承　貴翰感荷實多　貴曆十月二十四日　光召謹當屆時旨

昭勤此不宣　　開國四九一年　九月十一日

大英國全權公使　閣下　　大朝鮮特命全權公使　朴泳孝

十三日 晴 前外務大書記官 石幡政方 陸軍少將 高島鞆之助 ○司法卿

大木喬任 陸軍少將 少澤武雄 步兵中尉 上田秀實 皆來見 ○戌刻往

英公使館晚餐 ○以填補事 照會於外務省 ○外務卿同夫人致函

大朝鮮特命全權大臣朴 　　為照會事照得本大臣辦理填補事

宜理令不日商定而兼念本團事情以五年排定不無迫急之慮 就原定期

限更寬五年准以十個年償完則在我有絲力之方 貴國不失必議之

好爲此照會望 貴省卿諒悉此意 覆照可也須至照會者

右照會

大日本外務卿 井上

開國四百九十一年九月十三日

所啓 陳者八來ル三十日官舍ニ於晚餐差進度候間午後第七時

御來臨有之度致希望候 敬具

井上 馨

十月二十四日 同妻

朴泳孝閣下

30

十四陰　陸軍大尉水野勝義來見　○清公使黎廣昌致函　○答清

公使書

　敬諗九月三十日准西正刻即西曆十月初一日午後六時在本署晚餐禮

台光　希　贈玉音

　　　　　　光緒八年九月西日黎廣昌拜訂

貴署　請　誨幸愴不宣

　　　　　　壬午　九月十四

朝鮮國特命全權大臣　朴泳孝閣下

　敬復者即奉　尊函謹承　光速敢不唯　命茅當屆期趨造

　　　　　　　　　　　　　　朴泳孝　拜復

大清國全權公使　黎廣昌閣下

十五日晴答外務卿書　○往寫真哥照影　○外務卿答照會來　○外務卿

致函以日皇天長節請邀也

　敬復者即奉　貴國荐荷　光召感悚無已　當屆期趨陪肅此不具

　　　　　　　壬午九月十五日

井上　馨閣下

貴夫人白照

　　　　　　　　　　　　朴泳孝

以書簡致啓上候陳ハ填補金一條閣下不日商定可被成ノ處貴國ノ事情

ニテハ向フ五ヶ年ノ期間ハ迫急ノ樣御思考被成候ニ付最約定ノ期間ニ

尚五ヶ年ヲ延シ向フ十ヶ年ト為シ償完致シ候樣相成候ヘハ貴方ニテハ

紓力ノ方法相立ケ當方ニテハ安議スルノ好意ニ相叶可申之々閣團四百

九十一年九月三日付貴簡ヲ以テ御照會ノ趣致承知候右期限ノ儀ハ已

兩國辦理大臣ノ議訂ヲ經候儀ニ付其通遵辨致入筈ニ有之乍政府

深ク貴團事情ヲ察シ閣下御請求ノ延期ノ儀承諾致シ關切體諒ノ

誠ヲ表シ候條右償完ノ方法ハ追テ閣下御商議可被候此段回答得

貴意候 敬具

明治十五年十月二十五日

大朝鮮國特命全權公使 朴泳孝 閣下

外務卿井上 馨

譯漢文

大日本外務卿井上 照覆事准 貴大臣閣團四百九十一年九月三日

照會及閲照得本大臣辦理填補事宜理合不日商定而第念本國事情五年

排限不無迫急之慮就亲定期限更寛五年准而十個年償完則茲戎有絆力

三方不失貴國妥議之好 等固前來本大臣准此業已閲悉查償完期限既

經両國辦理大臣議前理當遵照辦理惟我政府深念 貴國事情允聽

貴大臣所請寛期一節以表関切體諒之誠至於所有償完之辦法如何

嗣當興 貴大臣查照可也頃至照覆者

右照覆

文朝鮮特命全権大臣朴

明治十五年十月二十五日

以書簡致啓上候陳者來ル十一月三日戎 皇帝陛下御誕辰ニ付霞ニ関

官舎於テ祝宴相設候間同日午後第六時御枉駕有之度致希望候此

段得貴意候 敬具

明治十五年十月二十六日 外務卿 井上馨

大朝鮮特命全権公使 朴泳孝 閣下

追テ大礼服御着用相成度候

十六日 陰 偕副使従事官 往外務省晤井上馨及竹添進一郎辦理項補書官

○答外務卿曰皇天長節請函 ○午刻出橫濱昭白耳義荷蘭西班牙

三公使自外務省送英語通事吉田要作與俱回路歷昭神奈川縣令

午後七時還署 ○美公使有函約廿二日午後七時晤會

填補事宜

填補金五十萬圓定以十個年爲償完之期朝鮮將慶尚道歲收諸稅中

換爲純金銀照日本銀貨幣或金貨幣中量目每年支辨五萬圓分兩次

朝鮮曆五月十月輸送于在留朝鮮元山港日本領事館眼同分析或輸送

日本曆　　　　　　　　　　　　　　　　　　　　　　　于大阪

府造幣　眼同分析 以驗其質倂無純駁(駁輕重之差謬)日本銀貨幣圓

局　　亦任時宜

重七錢二分七重六毫收　銀六錢四分五重八毛四系　銅七分一厘七毫六系 ○合計二萬

○合計五萬圓重爲三萬五千八百八十兩內銀三萬二千二百九十二兩　銅三千

一千七百九十四兩

五百八十八兩

日本銀貨幣中一圓重四分四厘三毫六系七忽內　金三分九厘九毫三系三微　銅四

五千圓重爲二千二百一十八兩三戔五分內金一千四百九十六兩五戔一分五厘

銅三百二十一兩八戔三分五厘　　　　　　　　　　重四毛三系六忽七微 ○合計二萬

右證定於日本東京

大朝鮮開國四百九十一年九月十六日　特命全權公使　朴泳孝印

特命全權副官　金晩植　印

外務卿　井上　馨　印

大日本明治十五年十月廿七日

右二件四一件先書朝鮮曆朝鮮紀元朝鮮大副官印作朝鮮件

一件先書日本曆日本紀元日本官印作日本件各鈐印支付

祝宴獲參與有榮焉　謹當屆時趨唔　敬具

敬覆者伏承　貴函敬認節屆　千敍仰想頌切岡陵

壬午　九月十六日

朴泳孝

大日本外務卿井上　馨　闕下

十七日陰午後六時往文部省觀大學校生徒卒業宴會○答美公使

廿三日午後

七時○請書　○和蘭辨理公使來見

十八日雨右大臣岩倉具視來見

十九日晴宮內卿　德大寺　實則來見　○外務卿答照會來○英公使

遣書記官約明朝偕往橫濱觀馬戲　○戊刻往外務卿官宅晚餐

必書簡致啓上候陳八貴國遊學人　金亮漢　金吉鈜山八旅行免狀幷

同鈜山局添書曇同氏八交付致置候處右免狀遺失致候二付更二交付ノ

儀節照會ノ趣ヲ承候ニ候則別紙免狀一葉並添書一封差進候候御查

收有之度此段得貴意候

　　　　　明治十五年十月廿七日

朝鮮國特命全權公使　朴泳孝　閣下

　　　　外務卿　井上　馨

譯漢文

敬覆者接讀　來文以

貴國遊學人金亮漢前往釜石鈜山所有

免狀次及送支鈜局之信函向經文結該人者因半途遺失再請發結

一事業已領悉當將另附免狀一件信函一封函送貴大臣希卽查收可也

崇祺順頌

日祉　明治十五年十月二十七日

大朝鮮特命全權大臣　朴泳孝　閣下

　　　　外務卿　井上　馨

二十日晴已刻乘汽車出橫濱到競馬場日廷君臣及各國公使皆率者

來會曰皇招接勞問士女觀光者如堵樹栅周圍可五里夜善騎者雙馳

栅內馬皆大宛種也有嘶雲騰空之勢走如流星先至一限標者懸賞獎碼珠

36

可觀尹令雄烈亦跑馬鞁具不慣竟至英雄落馬兩脚朝天觀者皆大笑

酉刻乘汽車還署　○外務卿與其夫人致函於一行以日皇天長節關宴

於官宅也

來九十一月三日　天長節二付霞ヶ關外務卿官宅二於テ夜會相催候

絛午後九時ヨリ御來臨被下度致希望候也　　但小礼服

明治十五年十月三十日　　井上馨

同妻

大朝鮮特命全權公使　朴泳孝閣下

二十二日晴巳刻約外務省至禮批准偕副三行人往外務省卿及大輔大書記

官引接於客廳叙畢余持全權字標示卿捧讀乾次捧批准冊子授卿

卿照畢乃言曰批准親書御諱自足萬國通例而曾於江華換約時以貴

國未慣常例因循行之今又只載大朝鮮國大王後世何以證憑且載御諱

之左幅例書擧

勅某臣職名而凱亦關焉請自分以後遵例行之爲望余曰今承諸敎誠然

當歸奏遵行矣卿及大輔將日本批准冊子相換照閱鈐印卿曰今日互換批

准兩國和議深切無間矧但兩國政府之意也若至民心岐貳每起擾壞則事

無了期惟願貴政府綢繆民情更不失知議是望余曰我邦民情愚頑事

北從前豈不曉諭而竟至前日之事尚復何言從茲民風漸開隣誼益密

則貴邦東洋之福也敝政府亦以是祝焉余因向外務卿曰敝邦松島材木等

養守護爲數百年矣貴國民人潜來斫伐故朝廷遣官巡檢矣其在隣

境之糾察之道若相聞不禁則忿惹事端請嚴禁潜斫也卿曰以凧事

曾有貴朝廷通報故已嚴申禁令而若又如前潜斫則貴國須執送于內

近港日本領事舘以爲懲治之道似好余曰敝邦將於凧島起墾募民矣潜

斫一案茅當如敎處之矣茶罷歸署〇夕暗 清公使 黎純齋晩餐但

兩訪古愚寓舘宿

朝鮮批准　壬午八月初七日據全權大臣李裕元　全權副官金宏集　癸未年

七月十七日臣裕完臣宏集與　大日本國辨理公使　花房義質會同仁川府濟物

浦互換續約二歗已予批准行諸久遠益敦親好其二歗內應事件凡係官民恐

奉此意一依按照辨理

大朝鮮大王　寶

日本國與朝鮮國開後益表親好便貿易玆訂定續約二欵如左

第一　元山釜山仁川各港間行里程今後攄爲四方各五十里朝鮮里法期二年

自今期一年後以楊花鎭爲開市場事

後起算爲一年更爲各自里事

自條約批准之日

第二　任聽日本國公事領事及其隨員眷從遊歷朝鮮內地各處事

指定遊歷地方由禮書給照地方官勘照護送

右兩國全權大臣名據

諭旨文約蓋印更請

批准二個月內

大日本明治十五年八月三十日　於日本東京交換

朝鮮開國四百九十一年九月日本明治十五年九月

大朝鮮開國四百九十一年七月十七日

朝鮮國全權大臣李裕元印

朝鮮國全權副官金宏集印

日本國辨理公使花房義質印

日本批准

日本國ト朝鮮國ト嗣後益々親好ヲ表シ貿易ヲ便ニスル為メ茲ニ續約ニ欵
ヲ訂正スルコト左ノ如シ

第一 元山 釜山 仁川各港ノ間行程ヲ後擴メテ四方各五十里 朝鮮
ヲ期シ 算シテ一日トス　里法トナル二年ノ後

今ヨリ一年ノ後ヲ期シ楊花津ヲ以テ開市場トナスコト　條約ノ批准ノ日ヨリ周歳 更ニ各百里トス事

第二 日本國公使領事及ヒ其隨員眷從ノ朝鮮內地各處ニ遊歷スルヲ
任聽スル事

遊歷地方ヲ指定シ禮書ヨリ證書ヲ給シ地方官訂書ヲ驗シ護送ス

右兩國全權大臣各々諭旨ニ據リ約ヲ立テ印ヲ盖シ更ニ批准ヲ請ヒ二個月収

朝鮮開國四百九十二年九月
日本明治十五年十月

大朝鮮開國四百九十二年七月十七日
大日本國明治十五年八月三十日
日本東京ニ於テ交換スヘシ

日本國辨理公使　花房義質　印
朝鮮國全權大臣　李裕元　印
朝鮮國全權副官　金宏集　印

40

譯漢文

日本國與朝鮮國嗣後爲益表親好便貿易玆訂定續約二款如左

第一 元山釜山仁川各港間行里程今後橫爲四方各五十里里法朝鮮 期二年後

自條約批准之日起算爲一年 更爲各百里事 自今期一年後以楊花津爲開市場事

第二 任聽日本國公使領事及其隨員眷從遊歷朝鮮四地各處事

指定遊歷地方由礼書給照地方官勘照護送

右兩國全権大臣各據

諭旨立約盖印更請

批准待三個月以 日本明治十五年十月 朝鮮開國四百九十一年八月 於日本東京支換

大日本國明治十五年八月三十日

大朝鮮國開國四百九十一年七月十七日

日本國辨理公使　花房義質

朝鮮國全權大臣　李裕元

朝鮮國全權副官　金宏集

天佑ヲ保有シ萬世一系ノ帝祚ヲ踐ミタル 大日本國皇帝勅書ヲ見ル有衆ニ

宣示ス 大日本辨理公使 花房義質及大朝鮮國全權大臣李裕元全権

41

副官金宏集ヲ以テ雙方全權委員ト爲シ明治十五年八月三十日朝鮮國濟

物浦ニ於テ大日本國ト大朝鮮國トノ間ニ取結ビシ修好條規續約書ヲ朕親ク

閲覽セシニ能ク朕ガ意ニ適シ更ニ闕然スヘキナシ故ニ凡テ其約書條款ニ揭

クル本趣ハ朕茲ニ之ヲ嘉納批准ス

神武天皇即位紀元二千五百四十二年

明治十五年十月三十日東京宮中ニ於テ親ラ名ヲ署シ璽ヲ鈐セシム

睦　仁

[印：大日本國璽]

奉勅　外務卿正四位勳一等　井上　馨

譯漢文

保有天佑踐萬世一系帝祚　大日本國皇帝宣示見爾書之有衆　以大日本國

辦理公使花務義質及大朝鮮國全權大臣李裕元全權副官金宏集訂爾

任爲全權委　明治十五年八月三十日於朝鮮國濟物浦　大日本國與大朝鮮國訂

定修好條規續約書朕親閱覽以其能適朕意無所間然朕茲嘉納批准

所有關約於約書條款之旨趣焉

42

神武天皇即位　紀元二千五百四十二年

明治十五年十月三十日　於東京宮中　親署名鈐璽

奉

　外務卿正四位勲一等　　井上馨

大朝鮮國全權大臣李裕元　副大臣　金宏集與　大日本國辨理大臣花

務義質、大朝鮮開國四九十一年七月十七日　明治十五年

　　　　　　　　　　　　　　　　八月三十日　在仁川府濟物浦所

勅

商定追加條約今経両國　批准　大朝鮮國特命全權公使兼修信使

朴泳孝副大臣　金晚植　大日本國外務卿井上馨　於東京互相查照

以文換之各記名鈐以為證

大朝鮮開國四百九十一年　九月二十日

大日本明治十五年　十月三十日

　　　　大朝鮮國特命全權大臣兼修信使　朴泳孝印

　　　　大朝鮮國副大臣　　　　　　　　金晚植印

　　　　大日本國外務卿　　　　　　　　井上馨印

大朝鮮國全權大臣李裕元　副大臣　金宏集ト六日本國辨理大臣花房義質

43

ト大朝鮮國開國四九一年七月十七日 八月三十日 仁川府 濟物浦ニ在テ商定スル
追加條約ヲ今兩國ノ批准ヲ經テ大朝鮮國特命全權大臣兼修信使朴泳孝
副大臣金晚植 大日本國外務卿井上 馨ト東京ニ於テ至ニ相査照シ
以テ交換シ各名ヲ署シ印ヲ鈐シメテ證トス

大日本國明治十五年 十月三十日

大朝鮮國開國四四九十一年 九月二日

　　大朝鮮國特命全權大臣兼修信使 朴泳孝印

　　大朝鮮國副大臣 金晚植印

　　大日本外務卿 井上馨印

以テ交換シ各名ヲ署シ印ヲ鈐シメテ證トス

三十二日晴宮内卿致函 ○武部頭 鍋島直大及花務公使来見 ○苔宮内卿
函 ○以生徒事照會於外務省 ○苔外務卿函 ○往觀圖書館 女子師範學
校博物館 昌平館 動物園而歸 ○夕晚美公便晚餐 ○白耳義公便外務

大輔吉田清成来見 ○宮内卿致函

書書簡啓上候陳ハ本月三日 天長節ニ付於日比谷練兵場陸軍觀兵式ヲ
行ヒ我皇帝陛下臨幸被為在候ニ付閣下従事官ヲ御同伴御来觀有之度

旨被

卿出候仍卜此段得貴意候、　敬具

明治十五年十一月二日　宮内卿　德大寺　實則

追て同日午前八時四十分過ニ同所ヘ御来着大礼服御着用可有之且當日雨天之節ハ

小雨ニ乇該式不被爲行候此段申添候也

朝鮮國正使　朴泳孝閣下

宮内卿德大寺實則愛　皇上ノ旨ヲ奉シ朝鮮國正使朴泳孝閣下ヲ本月

三日午前第十時四十分宮中ニ於テ天長節ノ祝宴ニ招請入

明治十五年十一月二日　大禮服着用

敬復者承讀　来函敬認　天長聖節　只隔一日慶賀之忱　如何可既

旦伏奉　貴國　皇上特名観兵之旨尤功榮感恭當屆時趨造于比谷

練兵場参觀・盛儀肅此敬具

開國四九一年九月廿二日　特命全權大臣　朴泳孝

日本國宮内卿　德大寺　實則閣下

再啓者　貴曆本月三日上午十時四十分敬具六孔服馳進宮中恭賀　天長聖

節畧此敬覆

開國四百九十二年　九月廿二日

敬答者本大臣有幸來本國生徒四人擬將各授一技煩請貴省卿指導

攻業之方該生徒姓名年數及願學之技懸錄于後務望

貴省卿知炤各省俾各就業千萬萬其月料金額當有布置矣并乞

鑑亮順頌　日祉　開國四百九十二年九月廿二日

特命全權大臣　朴泳孝

日本外務卿　井上　馨　閣下

後

尹致昊　年十八　語學校

朴裕宏　年十六　陸軍士官學校

朴命和　年十二　英語學校

金華元　年十八　製皮所

敬覆者即奉　貴函承陽曆十二月三日　天長節　罷名感荷良深謹當

46

屆時趨旨于官宅矣肅此不宣

日本外務卿　井上　馨　閣下

壬午九月二十日

貴夫人　曰照

朴泳孝

宮内卿益ニ　皇帝　皇后兩陛下ノ命ニヨリ朴泳孝閣下十一月八日午後

二時赤坂假皇居御苑ノ観菊會ニ來臨アランコトヲ企望ス

當日雨天ナレバ之ヲ罷

當日赤坂假皇居正門ヨリ入ニ御車寄ニテ下車退散ノ節モ御車寄ヨリ

乗車正門ヨリ出ヅルコト

二十三日　晴　午前八時偕副三行人詣練兵場曰廷諸官弁大隊及各國公使皆來

會少頃閣祝礮十餘殷曰皇乗馬車到御幄怹從不過三十四十騎宮内卿

德大寺實則驂乘焉敎官皆免冠礼數但着場内四圍馬隊歩隊分部林列

如植立焉無一揺動少頃曰皇輿各國公使上馬自宰樂隊數百部齊羨軍

樂而前導繞行場内所以観練兵或也其威儀甚肅移時曰皇還宮各國公使

齊進宮内省余與副使皆焉等候招宴少頃命齊進御所至則曰皇主璧

伏見親王爲西壁首班外務卿英公使美公使自耳義公使清公使法公

公使朝鮮公使以全權序次坐荷蘭公使朝鮮副使以辦理序次坐西壁乃公使

利大伊公使魯西亞公使獨逸公使以代理序次坐後東西壁勳任官以次坐各

賜酒饌裕橲宴罷甫謝而退○午後六時往外務官宅大設火戲奇巧難狀

諸國公使及日延縉紳皆牽眷來集主人井上馨香與其夫人令媛候門

迎客皆洋粧也少頃樂歐鼓吹懸各國族章於正堂諸公使皆携妻

女之午環廻蹈舞天真爛慢所以賀日皇天長節也舞罷樂撤設立食會

來賓五六百人續卓軒飽盖仿泰西宴法也隨員亦齊至夜深而散

二十四日雨答宮内卿御笵観菊函

敬覆者昨辱　台函伏承　貴國皇上　皇后兩陛下特爲　御苑観菊之

旨不勝感惶交集之忱謹當屆時趨造肅訊　敬具

壬午九月廿四日　　朴泳孝

日本宮内卿　德大寺　實則　閣下

二十五日　晴　是日卽我　坤殿聖節也　於便署正堂設　虛位神清香行望賀禮

本邦之末遊者合計為四十人齊進參氜伏不勝欣愴支感之私〇午刻設料理

于精養軒與同人擧觴祝賀四 今日即戕 坤殿千秋節也 翟衣播遷

幸復請乱還 住隣國失和旋即讲約績好至 僑在外望拜曷勝景慕之忱

惟望諸君醉飽蹈舞以伸今日之 慶諸人齊起肅謝曰敢不惟命至晚皆

盡醉驩娛而散

二十六日 晴賀本國

王妃聖節且識日本續好之喜致函於井上 外務卿三條太政大臣岩倉

右大臣大木參議川村參議佐佐不參議 德大寺宮内卿黑田內閣顧問

吉田大輔花房公使 佐野議長 鍋島式部頭仁礼海軍少將竹添六書

記官高島陸軍少將 齊藤書記官宮不書記官光妙寺書記官後

山王等屬英國公使美國公使白國公使清國公使佛國公使荷蘭公使

西班牙公使利大伊公使露國公使獨逸公使約以來月三日酉正二刻會

宴延遼館 〇午刻往觀淺草寺

二十七日 晴 奥國領事歸德國公使來見 〇午刻往工部大學校聘少補

六條主開　周覧局内位置規模　○難彈述　轉往電信局探不邦消息於

上海馬関等處　花房公使通至偕往電機番械廠覘訖往花房宅談話

移時還署　○伊國公使蘭査烈査致函請晤　西曆十二月十三日午後　○荷蘭公使

同夫人致函請晤　七時晩餐　○致礼於兩公使　西曆十二月十二日午後　○外務卿照會來

以書簡致啓上候陳八本日辦理公使　花房義質被補外務省三等出仕

外務大書記官添進一郎被任辦理公使　貴駐劄被命候此段及御通知候

敬具　明治十五年十二月吉日　外務卿　井上　馨

朝鮮國特命全権公使　朴泳孝　閣下

譯漢文

大日本外務卿井上

照會事十二月初六日奉　上諭辦理公使花房義質著補外務省三等

出仕外務大書記官添進一郎著充辦理公使駐劄朝鮮國欽此相

應恭錄　諭旨照會　貴大臣查照可也　須至照會者

右照會　大朝鮮特命全権大臣　朴

明治十五年十一月初六日

二十八日雨御苑観菊以雨勢停罷 ○答外務卿照會

大朝鮮特命全権大臣朴 爲 照覆事准 貴省卿照會內稱七月契日奉

上諭辦理公使花房義質 補外務省三等出仕 外務大書記官竹添進

一郎允辦理公使駐劄朝鮮國等因前來本大臣查前花房公使自到

朝鮮一切交際諸事均能持公商辦今又簡選新公使自必益昭反睦不勝

欣慰之極爲此照覆須至照覆者 右 照覆

大日本外務卿 井上

開國四百九十一年九月二十八日

二十九日 晴 訪奥國總領事官

三十日 晴午刻往觀印刷局寫真局長供午餐 ○萊伯報狀渡來八月廿三日發閱者

十月初日 晴午刻往晤清公使 ○夕往意國公使館晚餐 ○清國繙譯官

初二日 雨魯國公使致函請晤（西曆本月廿日）午後一時晚餐 ○元老院議長佐野常民致函

梁殿熟來見

請晤　西曆本月十七日午後一時午餐

初三日　晴往晤外務卿　○答公使書及元老院議長回○酉正二刻偕副使

從事官芸楯古愚往延僚館候客懸各國旗章于正堂賓主序次而坐祝賀

如左

## 賓主序次祝賀之図

○

外務省書記官　齊藤修一郎

元老院議官兼武部頭　佐野常民

元老院議長　鍋島直大

獨逸國代理公使　フティイル、フラフ、ツイトウィッチ

荷蘭國辦理公使　イ、イ、ファン、デルホムット

参議兼司法卿　大木喬任

右大臣　岩倉具視

全權副官　金晩植

文不列顚國特命全權公使　文

清國特命全權總領事　ミル、ハルリエス、バアクス

清國特命全權公使　黎庶昌

西班牙代理公使　ルイ、デル、カスチロイ、イ、トリ、ゲロス

参議兼工部卿　佐佐木高行

辦理公使　妖添進一郎

外務書記官　光妙寺三郎

金玉均

余竛觸同諸人頌祝曰 朝鮮이亞細亞 잇서 外國을 通한일이 업더니 當今

世界盛運이 大開하미 年前에 日本으로 더부러 서로온 條約을 다시 定하고 ᄯᅩ 圖

英國德國을 ㅊ례로ㅅ 괴더ᄂᆞ되 意外에 本國亂變이 잇기는 不幸한일이나

우리 ㅗ上聖德으로 即時亂盟을 掃除ᄒᆞ야 萬年和約이 굿게되엿스니 各國이

慶賀ᄒᆞ는 밧이오 ᄯᅩ우리 中宮殿下께오셔 그러한 暴亂을 피ᄒᆞ여 復位 가지ᄒᆞ시

고맛참 本大臣이 日本에와셔 日前에 中宮殿下千秋節을 지니미 慶賀

홈을 측양치 못하오며 오늘날 한자리의 諸公을 뫼와 讌樂호미 이러한 慶

事을 아르시게 攢祝하오며 우리 朝鮮主上과 쏘 이왕 사편나라와 쟝찻 친현

나라며 우리도 各帝王이 聖壽無疆호셔 天下이한집갓치 昇平한 福을 누리기 願하노이다 讚畢諸公

兼하여 우리도 兄弟갓치 萬國에 泰平한 福을 누리기를 祝午호오며

亦皆攢手稱賀外務卿井上 馨 答頌曰 日本과 朝鮮主上 聖德洪福과

噲百年和好허여니 이버에 不幸히亂變 잇다가 朝鮮과 亞細亞大慶이오 오날

우리 皇上善隣至意도 兩國에 親睦이 더욱 깁기는

밤 朝鮮公使祝을 드르미 우리도 各 慶賀호오매 從此로 萬國이 兄弟처럼

人民을 保護호고 各帝王聖壽萬年을 願호노이다 讀畢英國公使璞須以

首公使도 亦頌賀曰 朝鮮國이스니 이 各國을 親호여 風氣가 大開호매 天下

各國이다 깃버호노니 오날밤 盛會에 朝鮮 日本兩國慶事을 드르미 各

公使의 깃븐 마음이 一般이오며 朝鮮 술잔에 처음 各國帝王聖壽를 祝호오미

우리도 갓튼 虔誠을 부치나이다

頌罷樂隊奏洋樂燈光如晝酒杳成霧醉飽晝懽夜深而散○山縣參議

西鄉參議 山田參議 松方參議 黑田顧問 仁禮少將 高島少將 宮本書記官

佛國公使皆有故不參

初四日 陰 岩倉大臣致函請晤 西曆十一月廿三日午後七時 獨逸公使致函請晤 西曆十二月

廿二日午後七時 本公使晩餐 ○夕暗荷蘭公使館晩餐各國公使齊會

初五日 雨 晚晴 往宮叉省觀菊 ○答岩倉大臣函 ○清公使黎純齊來訪 ○夕

延遼館晩餐 已有岩倉大臣請晤 不得踐約故也

往英公使館晩餐 ○送名帖于公使 ○答獨逸公使書 ○樺山資純致函請晤

初六日 朝陰 晚晴 往觀王子造紙局及水輪織布所

於向岡彌生社擊劍會 西曆十一月十五日 午後三時

初七日晴往觀上野射槍會日皇親幸場內文武皆集立的射槍臥放五次坐放

五次立放五次優等者給賞 古愚及尹令雄烈亦射多中頒有光輝

賜午饌及樂隊飯罷親王亦射短槍其設法甚美也 ○午刻暗元老院

議長於靜養軒午饌 ○竹添公使來見 ○布哇公使 今年始設于日本 來見

初八日晴往謝布哇公使 ○往品川觀燔造玻璃及瓦斯燈會

初九日晴往戶山競馬場日皇已於前日親幸矣但白川親王來接各國公使

賞玩移時還署　○大倉喜八郎及澁澤榮一致函請晤　（西曆十二月十二日午後一時於本家晚餐）

○送白絹于黎純齋恩偍及榴眪　○答大倉澁澤書

初十日晴花務三等出仕來見　○靜養軒設料理邀閔楣侍郎餞別

○竹添公使來見　○夕暭露國公使晚餐

十一日晴致函于外務卿　○清公使書送絹本且致函　○午後赴大倉喜八

郎約花務篠吉田及梁殿勳婌文東皆來會家在江邊樓榭林木極其

浦灑紛紳仙界也設晚餐品俱珍潔招藝妓數十洗盞酌酒極慇懃已

絲竹齊芙歌舞送作賓主畫懂樂徹悸白絹數足及斗墨要題贈各（路過蜂須賀通值日皇水操士女觀光者如蟻兩岸設軍壘河中英船無數兵隊分部演習日晚日皇乗艸還寫上齊芙）

皆揮灑夜深歸署
軍樂殊可觀過路有难寫妃嬪亦東觀云

運啓者昨日辱晤慰少悵多本大臣有不腆土宜數種欲爲進獻　貴

皇上靖　閣下代達焉無任悚仄之至專吼佈告順頌

日祉　開國四百九十一年十月十二日　特命全權大臣　朴泳孝

56

日本外務卿　井上　馨　貴下

另具呈單

敬啓者弟向拙於書承　命不敢辭　然汗　尊絹矣　謹以奉繳祈

賜登入無任悚切于凡即頌

台祺　十月十日　黎庶昌頓首

十二日　晴已刻訪英國公使　○午刻往觀濱海御苑　德川氏　及延僚館後苑

皆在海岸引水成池臨壑起橋藤架荷堰奇石高松以人巧臻天然盖

日本能事也前臨鏡海中設難宮雕欄畫壁復道窓室廻無纖塵心神

頓醒悅然疑遊蓬台之間也有守官迎入拜茶言掃葉養木之食廩者爲

五六十人玄具清潔可想　○司法卿大木喬任致函請晤　西曆木月廿九日正午　○陸軍

卿大山岩致函請晤　九時遊覽以午餐　○長岡護美同夫人致函請晤　西曆不

○并作答三函　○午後七時暗岩倉太臣於延僚館晚餐

午後七時延僚館

十三日　靖海軍少將荒木亮一高桑勇海軍中機關士朝倉後一郎元老院

議長渡辺洪差來見　○夕暗吉田大輔宅晚餐

十四日陰夜雨 竹添公使來見 ○英公使來見 ○夕往外務卿宅晤話

十五日陰往彌生社觀鬪劍觀王及文武衆官曁各國公使皆集劍士分東西二隊

各出二人被竹甲戴竹兜使以劍兩人相對亂數分立角勝每以三合判勝頁而

薔地打頭不犯遠藏者爲勝勝者白書姓名於漆牌而懸之使衆知之其

鬪巧賈勇甚可觀戰罷亦相率恭揖所以解怠繹嫌也劍士多是巡查而雖

顯職者亦與焉凡二十七對鬪于劍畢則警視總監樺山資紀導衆賓於

雖宮宮製甚精雅俯臨萬家晚秋林木景色絕堂內周設煖爐大廈

嘉羞設立食會有酒如淮盡足海外名酒也宴罷日向暮還署

十六日晴夕晗山田顯義 ○能久親王伊公使官通辦官海軍中機固士朝

倉俊一郎 海軍大佐 相浦紀道皆來見

十七日晴夕晗美公使晚餐

十八日晴夜雨英公使致函即爲裁復 ○修札於意公使 ○荷蘭公使來訪

○夕晗大木 爲佐晚餐

壯翰敬呈該酒柘令般敝國之舶戴二係ル不腆之粗器進呈スルニ足ラスト雖モ

敢ヘ右ニ獻ス若シ荒納ヲ得器上直立ノ人物我國人英俤ノ形ヲ模造セシモノ
ナレバ聊以貴眼ヲ慰ス可キ子且拙生撮影是ヲ呈セント欲スルモ現ニ一葉ノアル
ナリ他日閣下賀知ノ寫眞師ニ記シ工成ル〻日全大人ノ手ヲ勞シ貴圖

送呈ス可シ 請其意ヲ諒セヨ不宣頓首

十一月二十五日　英國全權公使　ハリエス　ペルケス

朝鮮大使　朴泳孝閣下

敬覆者即拜　寵翰旦　惠珍器拜登敬謝又包日饗寄寫眞之敎

不勝預欣庸凱不宣

十月十八日　　朝鮮全權大臣　朴泳孝

英吉利國全權公使　閣下

遥答者小春天氣　興居萬福頌祝笠子呂不足爲佳適有追來者
辱呈　哂留爲希常凱不宣順頌

日延　十月十八日　朝鮮全權大臣　朴泳孝

伊國公使　蘭査烈士　閣下

十九日晴午前往陸軍士官學校及砲兵機械敞賞翫午刻入遊就舘午餐

大山山岩所設也外務省遣一等屬天野珊次郎引接諸處○夕暗長岡

護美於延遼舘晚餐○外務卿送來復函○以轉襪保機務處消

息且恙古愚拜右副承旨○芝楯先発向神戸

逆還者昨接　貴曆壬午十月廿日來信以有　貴團土産徵種進献

皇宮築火達焉等因并送青紋石烟草盒爲名小鼎爲名錫各二坐前

來俱已收忿當次　　閣下逆　進可也先此佈復順頌

日祉　明治十五年十一月三十八日　外務卿　井上　馨

大朝鮮國金權兼修臣大臣　朴泳孝　閣下

二十日晴古愚來便署設

虛位於正堂行甫拜礼○海軍機関士補三宅甲造來見○清公使隨員

姬文東來見○下午四時赴紅葉舘晚花務三等出仕晚餐外務官吏

皆集樓觀浦洒爽朗庭有老楓三樹紅葉滿地碧苔如茵城市中往往

備靈區高武舘側有一坐傑閣能樂演所也能樂者日本古調也結橋奇巧

迴合不可名狀矣 日暮 燃燭樓上奏樂合酒洋洋大開開墨戯夜深
還公署

二十日 晴 意公使有復函 ○法公使送付譯官請暗期故約以廿一日午後二時
謹頌、貴閣重盟揮波如命小暑晴暖 尊候萬福欣慰无量所贈名產
之笠子精雅雅妙珎賞不當尺璧也 伏企為時千萬自重謹奉復

千八百八十二年十二月廿九日

伊太利國代理公使 蘭查烈士

大朝鮮全權大使 朴泳孝閣下

二十二日 晴往謝佐野常民 大木喬任 大山岩 長岡護美及露國公使
二十三日 晴午後與隨員三人往登上野平岡瓦鮮如海一望櫛比所見不過金幅
十分之一而殷繁小如此東京所轄為二十三萬五千餘去者真不誣也下來轉至水閣
閣在大池萬荷之上荷雖殘矣柳陰尚濃與酒移時還署 ○武部頭鍋島直大啓

二十四日 晴 答鍋島直大書 ○法公使來見有書蓋嫌舌人之不能曲盡宻意故也
函約暗西曆十二月什一日
午後四時紅葉館

亦可謂妙法○擬往熱海温泉及橫須賀致曲於外務卿

法公使口代

先達独宅ト御尋示被下辱存候本日ハ坐尊館二罷出候儀ハ我國學師

ルダ氏近日貴國二張シ越シ候間尊君ト御懇意ヲ結度且ツ同人貴國二

出張候節ハ萬事宜ク御保護相願度参上仕候尤同人貴國二派出扶節

八貴國之地理巡見致度所存趣二付貴國御官更二於テ御案内被下度

候未久貴國ト幾ヶ國ト六條約所結之無之二付此段小生ヨリ致懇願候近日

御歸國之趣隨分途中御自愛所禱候尚後日再會ヲ希望ス

十二月四日

佛國公使　トリクー頓首

朝鮮全權大臣　閣下

迁啓者本大臣素若疝証當実為劇醫當言熱海温泉頗佳玄明日擬與

副便從事官伴行茲奥片函報間不宣順頌

日祇十月二十四日

日本外務卿　井上　馨　閣下

朴泳孝　閣下

62

角啓者路次橫須賀亦暫遊覽 諒察焉

二十五日晴往射法國公使○午後二時偕副使從事官隨員朴齊絅金裕定李福煥

及從者金玉均朴永俊出停車場外務省一等屬三輪甬一語學徒塩田

一太郎有該省已出待矢同乘汽車一時頃抵橫濱行先往□頭坐小

輪船余則訪荷蘭比利時兩公使同會向橫須賀沿岸樓□金碧興斜陽

相玲瓏趁暮抵橫須賀兩山拱抱一湖圓明內藏軍艦工二警台金相應舩燈

亞暎岸上歌謳諠熱道是海軍興岐遊□□者盖東京吉園品川及橫須賀

等地娼婁之設置爲軍事慰悦之方法云海軍省及外務省各定店樓相

邀固於卸海軍省所定店子登樓望見造船各廠參差峻宇隱暎於淡

霧緊小星之際如對洋畫一幅且喜店樓桑麗浦酒鋪置料理甚精

二十六日陰 午前八時海軍省送舢板船朝飯畢渡船造船所海軍士匠司正

渡辺忻三迎入客廳茶罷引導各廠製船規模奇巧宏大每艦一隻各

築石閘而藏之一閘之費爲五十萬圓又同覽訖復入客廳餉以酒果極殷勤

小書記官 中溝保辰 贈詩一篇誌罷還渡店樓點心又乘小輪船一時頃抵

金澤有曲湖淺山之景少愁乘人力車齊向江島山徑高低竹籬木攏幽深

可愛行三里有神社鶴岡八幡古天皇古源賴朝所都云在昔極繁華今爲鄉村盆衰

之歎何地不然也日暮點燈抵江島路入海邊湖聲洶湧入店樓樓臨島上

結構玲瓏如遊唇樓海市中也 自金澤至江島以英里計爲十里

製艦水區迴岸烟亞洲第一着先觀石槽鯨鯢虹吞吐鐵猴蜿蜒盤轉旋

造素非黃帝叔技工豈自榫八傳國家編識海軍車不惜縻金幾萬千

錄近製以乞

王斧

　　　　澄懷中椿保辰拜

二十七日晴朝起觀海色無邊樓台金碧掩映島上又登山巔躡過石梯數百

級旋螺而上有神祠數處忽望富士山湧出海上如白蓮未開之形高爲一萬

三千五百尺云此日本第一巨岳賞東京鎮山也積雪皓然亘古不化其峙積

可驗相對有兩寒門之想徘徊移時下來乘人力車向熱海午刻抵小田原小

十八里點心又緣海邊山徑橙橘方熟霜意始濃日暮懸燈抵溫泉十里

所過店樓農戶精潔華麗頓無塵世之氣可驗開港以前已有八九分

咸立之基本也黄昏歇宿於熱海富士屋

二十八日 晴 風朝憑樓上滄海溫胸岸上層樓四百餘座皆以溫泉爲業頗

殷富往觀溫泉發源處石罅德徹熱霧戎戎響如雷吼每日六候出湯泉

橫射如急瀑則地中設隱溝接以竹筧家家分派精製浴室縉紳士女及遠

方來觀者聯絡於道橋梁之設園林之趣亦別一區也東望海中有立名大

島也山上出白雪英英問之是亦火山烟焰四時不歇三蓋因溫泉之注

海而海水溫所以得熱海名也隨處鑿池便是熱水之面在左々亀坼恐有

叔火之發也日東々每多地震損害生物職由是歟以如是樂土人生之端端

然恐汎爲可惜物不能兩大事不能全美信然也 ○出步海濱風潮激岸如

琫雪堆命溪夕舉網待酒登山嘴一碧萬里覺快活 ○毎日朝夕就浴室

水瀅潔味少醎而熱大宜濕疾

二十九日 晴 午後步登山腰有神社 楠木千章洞陰猶深覺地氣溫也居民

以楠木製桉匜盤盒之屬紛紛來售精雅可愛 ○朝夕浴溫泉

三十日 晴 午刻離發海辺多有熱水夕抵小田原平岡店歇宿偕仝人往觀相模國

城台甚墟遺蹟猶存負山襟海頗得形勝國主草雲在豐臣秀吉時獨恃

險不附兵革相恃後乃議和之民家市廛熱開門前懸牌書貨在敷三字詢

之則娼妓之賣淫之處也入夜歌吹如沸非卿井風氣也

十一月初一日 晴自平岡至捨人力車而來馬車搖盪甚而疾捷則過之十二時抵

藤澤店午飯五時抵神奈川縣停車場少憩來汽車一時頃到神橋館

署在留隨頭聞電報已出待矣相與飲握外務省且送馬車來莫不歸

署 聞古愚出 橫頭相待發電報還寓

初二日 陰致函於外務卿○照會於外務省○午後四時赴紅葉館跳式

部頭約玩日不古樂審大額本國音即和緩儀容亦纺紳樂官戴

鳳冠被金繡大領衣四人對舞各執槍矛之屬多纺唐代及白清時笑不設

旨酒令歧得觴鬓墨題大字殊讃事也夜深歸署

運答者天氣怎下寒即請 台祉萬頌禱本大臣吐日歸署寧此報達

順頌 日安 十一月初三日 朴泳孝

日本外務卿 井上 閣下

大朝鮮特命大臣朴　　　　為照會會事兹間　貴公使所乘郵便船揚錨

之期定在　貴曆本月三十日本大臣行將同戴伊船聲　陸日時務望先期

示明相應照會　貴省卿查照可也　須至照會者

右照會

大日本外務卿　井上

初三日晴寒海軍少將宗重正來見○致函於外務卿○外務卿送

來復函○酉刻往晤外務大輔吉田清盛○生徒朴裕宏朴命和送于

福澤諭吉私立學校習語

逕啓者敝國陸軍生徒李殷乭申鳳模今已卒業造船生徒金亮漢

亦頒有器械圖卒業證章將來之實驗可期敝政府嘉悅之意當復照行

卿念　閣下前後指導勤意良深感佩何極又　陸軍省海軍省諸公為此

勞念至有成業欽誦且謝煩請

閣下代佈本大臣區區之衷於諸公閣下　是望肅此順頌

日祉　開國四百九十一年十二月初四　朴泳孝

日本外務卿　井上　馨　閣下

陸軍卿　大山岩
戸山學校長　嘉彰親王
戸山學校長　坂照德
教導團長　渡辺英
陸軍少輔　少澤武雄
總務局長　上月秀實
海軍卿　河村純義
大輔宇年田倉之助
横須賀造船所次長　渡辺忻三
海軍權小書記官　中溝保辰

壬午十月
十日發　囑以請將國產青絞石烟草盒烏石

敬啓者　前承　貴大臣信

小鼎及鍋各二座進献

皇宮一事當經先爲函復旋代遞入玆詫准咨稱業已特各該物進上

御前等因前來相應函報　熌知再閱參判屬有紅蔘三斤摺扇二十板

青箋百板亦同遞入均經　進上希爲代致知恋是荷專佈順頌

日祉　明治十五年十二月七日　外務卿　井上　馨

朝鮮全權大臣　朴泳孝　閣下

初四日晴以弊陛事往議於外務卿

初五日晴往謝樺山資紀鍋島直大請宴○往謝佛國公使見訪○往晤

清公使○宮內卿德大寺實則致函請晤於芝離宮十九日午後四時○外務

卿送來復函

敬復者准　貴曆十二月初四　來文內閣嚴園陸軍生徒　李殷石申鳳模

今已卒業造船生徒金亮漢亦領有器械圖卒業證章等因本大臣准

飢閱恐三下同深欣喜謹當將　貴大臣謝烟轉致陸軍省并海軍省

各員知照可也崇此順頌

日祉　明治十五年正月十五日　外務卿井上馨

朝鮮國特命全權公使　朴泳孝　閣下○以生徒事致函於外務卿○通事外仁純有身

初六日晴答宮內卿函○

病生徒金東億有事故俱乘汽船送東萊○外務卿送來照會

○清公使黎廢昌來見

運啓者本國生徒金和善懽送造廍宄所學習謹 貴省卿更煩

指導俾爲就業之地千萬萬其月料金額自有布置乞 欽諒嗤頌

日祉 開國四百九十一年十二月初六日

特命全權大臣 朴泳孝

日本外務卿 井上 馨 閣下

以書簡致啓上候陳八 貴曆四百九十一年十二月初二日附 貴簡ヲ以テ

閣下不日御歸國可相成ニ付御暇乞ノ爲メ謁見ノ趣致承知候右遂奏

聞處來ル十九日午前十時內謁見被仰付候自御沙汰相成候間同日

御參內有之度此段得 貴意候 敬具

明治十五年十二月十六日

外務卿 井上 馨

譯漢文

大日本外務卿井上 爲照覆事准 貴開國四百九十一年十二月

初三日照會以 貴大臣不日歸團懽請辭 陛等因前來本大臣准凱

當經奉達 宸聽茲奉 上論十二月十九日上午十時點鍾著准觀見等

因欽此相應恭錄 諭旨照會 貴大臣遵照即於居日詣 宮祗候
可也須至照覆者
右照會
大朝鮮全權大臣 朴
明治十五年十一月十六日
初七日 晴 夜雨 法公使來見
初八日 晴 致函於法公使
逕啓者 日昨 貴大臣來署贈談不任欣慰 貴國與敝邦從來雖無通
和之約 今當天下如一家之運會 締盟交好 諒必不遠 此 貴大臣前日晤談
亦拳拳不已者也 茲有一事 告以衷曲 朝鮮俗尚古樸 若聞異己之論 一出轍
闢斥之不已 後日當弊國與 貴國締約之時 惟傳教一事 初不必擧論于
約款之內 望 貴大臣諒悉焉 本大臣之意 專在于兩國函宜結盟 永以爲好
若或瑣細關節 有抵捂不合之處 則敝國古樸之俗 必有硜硜不解者矣
關切在心 特此佈函 不宣 順頌 日安

開國四百九十一年十一月初八日

大朝鮮特命全權大臣

大朝鮮特命全權大臣　朴泳孝

大法國全權公使　閣下

讀頌辭曰

大朝鮮國特命全權大臣兼修信使　朴泳孝敬面　奏

大皇帝陛下　便匠　이此州　我大朝鮮國　大王께옵셔　부리신명을밧자와오온

後로　大日本　天皇帝陛下聖念으로特別이欸接허심을입사옵고속속히

批准이되와両國에加睦이더우ㄱ김사옴일은便臣이歸朝화와　城主上께

初九日　晴午前十時與副使

從事官及隨員往宮四省請辭陛入省廳宮卿

外務卿式部頭　内務大輔皆赴公相接鉤茶外務卿曰竹添公使初撥陽

譬本月廿日答輪而有来了事退定於廿七日貴行既欲與俱則似當差退

矣余答曰事勢如此弟當如教矣少頃曰皇命入待於便殿三便以次進行曲

拜凡進前鞠躬而立曰皇曰卿今找國ヲ辭ス離情曷ゾ極マラン卿歸國七

バ朕ガ懇親ノ意ヲ貴國大王ニ告ゲヨ寒冷之候航海自愛セヨ語畢京

癸達하오면 聖心이 嘉悅하심 응당 자별하시려니와 이후도 兩國의 交際

가 漸漸日新호기를 바라오며 年洋鎗一大碳教練호늘거을 보뉘신다닌

말삼을 外務卿樣의게드러오심알외을이로소이다 便臣 이지금辨陛하오며 下情

我主上게오셔 깃거호오심 알외을이로소이다 便臣도 또와셔 陛見호을

에 懸懸하오셔 차차 便節이 絡繹호옵셔 昇平호 天祿을 기리누리

날이 잇사오러니와 從此로 聖壽無疆호옵셔 讀罷退出 又行曲拜孔而出外務卿傳言曰

옵기를 伏祝하옵나니다 　　讀畢退出

皇上呈禮物於 賞主上以 大刀一口 純子三卷 金縇卓被一枚且於大副官

前賞賜以花瓶一對 紅白縮緬二端也 領級焉 余鞠躬答曰禮物謹

當還奉我 主上且便臣處賞賜諸珎不勝榮感矣 宮內卿及式部須

引接禮物及賞典令看審託各湏指而出還署 ○午後四時偕副便從書官

古愚及隨員李福煥踐宮內卿之約往芝離宮宮內卿大輔或部

頭新田公遂大員十餘人皆已等候揖罷進茶己而請入内聽設荷以生

便行於主席諸卿皆分行以次坐請演日本古樂有所謂能樂者迎稱曰

半組也樂官四五人執笛簫玉鼓之屬皆着古服而坐於前面初演古鍛

冶古鍛冶者古團主使其臣錬寶釼其臣請神而鑄冶其設像鼓鍾可觀

次演融融者古左大臣之名也有勳勞於國死後為神自設生時功業而

發明罪過之像次演土蜘者古諸候為老蜘精初僧作竄之出宗

覺之斬之具臣僚賀祝之像也演三會日己暮矣　燃燭如晝復邀余

於中堂設西洋料理吹洋樂深殷勤食訖宮內卿擧杯頌賀余使事

將竣而慰行也　余若請人皆擧杯答曰敝使到貴京多辱諸公善隣

之擧為勝感佩歸帆在邇還不勝悵黯也因出外廳啜茶肅揖而

散.

初十日晴以郵銀修送事照會於外務省○以礼物及賞賜事致函於宮

內卿○夕訪清公使黎純齋

大朝鮮特命全權大臣朴　　　　　　為照會事照得陽曆七月廿三日

貴辦理公使 花房義質與本國全權大臣李裕元在仁川府所定約欵

第三款

貴國官胥遺寓及負傷者體卹五萬圓兹將 貴國銀貨幣五萬圓送

送呈望查收仰措劃爲此相愿照會 貴省卿查照可也須至照會者

右照會

大日本外務卿井上

開國四百九十一年十二月初九日

連啓者 昨日因 閣下奉 皇旨寄付孔物 大刀一口 純子二卷 金繩

卓被一枚本大臣謹已拜領仍還奉還呈納庸此不宣順頌

日祉 開國四百九十一年十二月初十日

特命全權大臣 朴泳孝

日本宮內卿 德大寺 實則 閣下

再啓者

皇上賞賜本大臣及副便處各花瓶一對紅白縮緬各二疋敬又拜登領

受均不勝榮感之忱

十一日晴有郵便船修上狀啓 〇致函於機務處 〇發日於仁川府 〇夕晴

宮內卿謝宴饗食

本年九月十日 兵歟 李殷石卒崇還歸時呈遣
國書之由已爲修

啓登聞爲白有在果 十六日與外務卿井上 馨辨理填補事宜期限
以十延引二十日至煥

批准是白遣二十七日 外務卿照會內稱公使 花房義質、補外務省三
等出仕外務大書記官竹添進一郎克辨理公使是白子所卑銀備報之方
業已措劃是白乎旅今初九日辭見日本皇帝是白遣臣等將與新公使
竹添進一郎今十七日來乘脚船發行計料爲白如乎今聞有郵便船向往
仁川故諸般緣由爲先馳 啓云云

送機務處札

向拜 惠函欣喜可己遽 惟峭寒
僉候萬福頌祝 生等凡諸諸事件
間已勾當今十七日與新公使竹添進一郎同來飛脚船日橫濱出眺到
神戶遞來 明治几因向仁川矣拜晤不遠預欣欣今因郵便船將本歿
辨理各節修啓登 聞而稽待回使等節達

諸公各別申飭無至臨時窘迫焉都閫不宣務企諸公　令炤

壬午十二月十日
日結仁川府

　朴泳孝　同君
　金晩植　同君

今玆日本郵船社寮丸便状啓一度及機務處所居書簡一度玆以修
送到即專発馳送于畿営為旀且有所付物種另有該船主互換標記一同
付送是如乎待該船到港特選謹幹親幀星大前往以貼七張標記支付
該船後卜歇準數卸載輸納于本府官庫以待本大臣入疆之日是矣
檢飭校辛毋或有闕矢破傷之幣外宜當向事

壬午十二月十日
在日本東京

特命全權大臣兼修信使　印

十二日晴外務卿有害
以書簡致啓上候陳ハ貴國参判閔泳翊氏ヨリ其ノ土産紅復習扇青
筆進献致度合ニ以テ書簡添被差越候ニ付即進献取計候處右
御報酬トニテ別包陶器花瓶一對紅白縮緬二匹全氏ヘ下賜候間御査收

ノ同民ヘ御交付相成候及御依頼候

　　　　　　　　　　敬具

明治十五年十二月二十二日

　　　　　　　外務卿　井上　馨

大朝鮮國特命全權公使　朴泳孝　閣下

十三日　晴　外務卿有答照會　○法公使我函請照於本館　西曆二十五日午十一時

花房三等出仕往來訪請昭於本第　明日上午十一時

以書簡致咎上候陳八開國四百九十一年十一月初九日附貴書簡ヲ以テ

陽曆七月二十三日辨理公使花房義質ト貴國全權大臣李裕元ト

仁川ニ於テ所定ノ約款中第三款我國官員遭害及負傷者體卹銀

五萬圓今般我國銀貨五萬圓正金銀行ノ滙票ヲ以御差越相成

該金額正ニ致落掌候此段回答申進候

　　　　　　　　　　敬具

明治十五年十二月二十三日

　　　　　　　外務卿　井上　馨

大朝鮮國特命全權大臣　朴泳孝　閣下

譯漢文

大日本外務卿　井上

　　為照覆事准　貴開國四百九十一年十一月初九日

照會內閣照得陽曆七月二十三日貴辨理公使花房義質與本國全權大

李裕元在仁川府所定約款中第三款貴國官員遭害及負傷者體卹

銀五萬圓茲將貴國銀貨五萬圓送呈等因外附正金銀行匯票前

來本大臣准凱所有五萬圓業經照收訖相應照覆貴大臣查收可也

須至照覆者　右照會

大朝鮮特命全權大臣　朴

明治十五年十二月廿三日

十四日晴　答法公使函〇午刻往花房三等出仕草午饗〇以土物分

送于左錄諸人

外務卿井上馨　　沈席一立　尾扇五柄　摺扇十柄　錦紬五定

外務大輔吉田清成　全上　　尾扇五柄　摺扇十柄

外務三等出仕花房義質　沈席一立　尾扇五柄　摺扇十柄　清心元三十九

辦理公使從添道一郎　全上　尾扇五柄　摺扇十柄　清心元三十九

清國公使黎庶昌　沈席一立　尾扇二柄　摺扇三柄　綿紬定

伴送笠原昌吉　土紬足　尾扇二柄　摺扇三柄　綿紬定

三輔甫一　土紬定　尾扇二柄　摺扇二柄　錦紬定

岩田直行　土紬一定　尾扇二柄　摺扇二柄

原吉也　全上　全上

住永琇三　尾扇二柄　錦紬三疋

國分三人　尾扇二柄　錦紬三疋

塩川三人　尾扇二柄　錦紬四疋

等外等三名　金三十円　綿紬三疋

巡查六名　　五十円

小使五名　　三十円

賄給方一名　五十円

料理三名　　二十円

下働二名　　十五円

人足一名　　三十円

取人者一名

馬車驅從　　二十円

延燎館寓　　四十円

中村治郎　尾扇二枚　摺扇三枚　土紬一疋

奥山岩　　尾扇一枚　摺扇二枚　綿紬一疋

太和鎗太郎尾扇一枚　摺扇二枚　綿紬一疋

青松寺社中　金三十円

主持北男元章　尾扇二枚　摺扇三枚　綿紬一疋

十五日　陰夜雨　致復函於外務卿○午刻往法公使館午餐

敬復者即奉　貴函忝　閣下承　皇合於參判閔泳翔處　貴賜別▢

陶器花瓶一對　紅白縮緬二疋　謹當交付弟念　貴皇上恩優若是

周至本大臣已不勝感惺閣君之榮　耀當復如何　庸朮不宣順祝

日祉　開國四九十一年　十月十五日

特命全權大臣　朴泳孝

日本外務卿　井上　馨　閣下

同辭別於嘉彰親王　貞愛親王　能久親王　三條太政大臣　岩倉右大臣

大木司法卿　山縣議長　西鄉農商務卿　井上外務卿　山田內務卿

松方大藏卿　大山陸軍卿　川村海軍卿　福岡文部卿　佐佐木

工部卿　黑田内閣顧問　佐野元老院議長　德大寺宮內卿　鍋島

武部頭　樺山警視總監　吉田外務大輔　塩田外務少輔　花房三等出仕

芳川東京府知事丁　長岡元老院議長　仁礼海軍少將　高島陸軍務

少澤中將　宗重少將　美公使　比利時公使

西班牙公使　魯西亞公使　伊公使　德公使　清公使　法公使　荷蘭公使

英公使　○自再昨日滿城街

道關市朝以繼夜以修守歲之崇徹夜燈光人皆如狂盖仿西俗亦然也

十六日 晴 英公便及英兵學教師旺當英書記官查道皆來別 ○

海軍卿川村純義及福澤諭吉來別 ○ 金虎漢自北海道返

十七日 陰寒 以金虎漢事致函於海軍卿 川村純義 ○ 太政大臣三條

實美來別 ○ 外務卿致生徒借處復函 ○ 陸軍卿大山岩 三等出仕

花房義質附書記齋藤脩一郎皆來送別 ○ 外務卿錢以花

瓶一對陶器一個烟草二箱大輔錢以花瓶一對菓子一個卷煙草千本 三等

出仕錢以盃十二箱皆即修謝 珍錫諸品受言 愧 ○ 三西同 ○ 外務卿以仁川開港筆貴函

○ 海軍卿有復函

迺答者生徒金虎漢航海所賀紙幣中一千圓茲送呈于貴省望

閣下送橫須賀造船所凡諸所用隨時劃給爲祈且其勤慢乞 閣下

時時督責俾得卒業千萬萬月金酌定留此弊團朝士當有奉議也爲此不

宣順頌

日祉 文朝鮮開國四百九十二年十二月十七日 特命全權大臣 朴泳孝

大日本海軍卿 川村純義 閣下

逐復者前接紀四百九十一年九月二二日及十一月初六等日來信均稱本學生徒

擬授各技等因俱已知悉其將其情照咨陸軍文部農商務工部各等省去後

旋准各該省回咨稱并無窒礙等因前來相應函達知照至於學習一切事宜

請就本省主辦員役自商可也 推陸軍省片稱士官學校必須將其頭

髮衣服與諸生徒悉從一切否則於授業上諸多不便等語前來 优請知

炤所有十月初六日來信後尾所稱尸致昊本請属之農學校今壞改

學英語又全東億適有事故今欲還國各等情亦已知悉當經轉咨

各議省知悉矣專肅布復順頌

日祉 明治十五年十二月廿七日

日本外務卿 井上 馨

朝鮮特命全權文臣 朴泳孝 閣下

以書簡致啓上候陳ハ仁川開港ノ義貴國騷擾ノ為メ延期相成居候

所來ル明治十六年一月一日ヨリ我人民渡航通商致候間此段及御通知

候 敬具

朝鮮特命全權公使　朴泳孝閣下

明治十五年十二月廿七日　外務卿　井上馨

覆者兼送　貴國生徒　金亮漢爲修航海術所費紙幣中一千圓兹

領其金額並來示如天月金酌定及賀責勤慢則請應一切如今朝所

面罄　貴价者肅其劃給之額亦以時詳報之矣請諒之專肌不備

順頌　近禧

明治十五年十二月廿七日　大日本海軍卿　川村純義

大朝鮮特命全權公使　朴泳孝閣下

十八日　晴　渡辺洪基及山縣有明來別　○己刻治裝出停車場式部頭

及權頭意公使　蘭士烈士工部卿往往木高行工部大書記官安川繁成

皆送別來汽車抵橫濱訪別荷蘭西班牙白耳義三公使即往水師營

花房三等出壯井上外務卿東京府知事長崎縣令神奈川縣令荷蘭

公使皆來送錢自宮內省鑽以午餐午後四時乘船船名護尾丸明輪脚荷蘭

金承宣玉均及綜從事官光範己承　勅命落後而皆至船上送別難爲

分水處也花房三等出往亦至船上贈別少頃竹添公便至因為擧錨

入夜微有風濤

十九日晴　風恬浪平

二十日即刻船泊神戶港歇下西村屋店主以業宿之緣出迎歡飲○送土

物數種于名護屋丸艦長○英領事阿須敦及明治丸艦長來見

二十一日晴往別英領事阿須敦○午後十時與竹添公便晉乘明治丸

二十二日晴　午前四時擧錨

二十三日晴　風緊停錨

二十四日晴年後四時船泊赤馬關芸楯諸人待之久矣下月返樓欽賠

二十五日晴上午八時上船因擧錨

二十六日晴風浪大作搖蕩不穩

二十七日晴下午二時船泊濟物浦望見京國青山不勝欽籲時際嚴冬氣

候與日本大異乘舢板船下花島鎮舍仲及知舊戚僴待數日相晤惟喜氣來

暮入仁川府宿○修上渡海戕啓○致函于竹添公便今十二日日本郵便船

臣等與日本新公使竹添進一郎今十七日開船之由已有登聞是白有
在昊以船便差池始於二十八日申刻乘名護尾丸離發二十日卯刻進泊于神戶
港是白遣二十二日辰刻臀乘明治九二十七日未刻到泊于仁川府濟
物浦是白乎所從事官徐光範段謂有　成命是如臽在日本東京
是白乎旅臣等明日當爲復命是白遣公使竹添進一郎再明日入城
云云是白只緣由爲先馳啓云云
遂啓者本大臣請　貴國人牛場卓造井上角五郎高橋正信
松尾三代太郎眞田謙藏三輪廣藏本多淸太郎右七人雀立以
來肇　閣下知炤於　貴領事館可也爲此不宣順頌
日祉　文朝鮮開國四百九十一年二月廿七日
　　　大日本辨理公使　竹添進一郎　閣下

　　　　　　　　　　　　　　特命全權大臣　朴泳孝
二十八日晴卯刻發向　京城到梧里店中火酉刻到關下亥刻承
旨復　命
上〔…〕月辰特〔…〕丑正還〔…〕

落字表

| 頁 | 行 | 落字 | 備考 |
|---|---|---|---|
| 一 | 七 | 之事 | 閔〇判泳翊 |
| 四 | 末 | 事 | 英領官〇〇〇〇〇 |
| 五 | 七 | 罷昌紹 于其家茶臼傾本 | 有失〇者 |
| 八 | 二 | 感 | 其告望〇〇 |
| 九 | 一 | 可 | 出候〇其日 |
| 九 | 五 | 段 | 照会〇照得 |
| 十 | 二 | 以 | 慼惶〇慼惶 |
| 十二 | 三 | 鄉 | 司幸〇幸以 |
| 二三 | 七 | 千 | 李殷石〇 |
| 二五 | 二 | 飯 | 難抄〇漢 |
| 二九 | 三 | 生 | 接示鄉〇俸讀 |
| 三五 | 三 | 瑪 | 千萬〇萬 |
| 三九 | 二 | 千 | 學徒〇 |
| 四六 | 四 | 年 | 懇懇已 |
| 四五 | 一 | 照 | 先生頭生 |
| | | | 千萬〇萬 |
| | | | 以十〇延 |
| | | | 〇會收 |

正誤表

| 頁 | 行 | 正 | 誤 |
|---|---|---|---|
| 五 | 一 | 奏 | 請（原） |
| 十六 | 二 | 舊 | 卽奉 |
| 十六 | 三 | 來 | 來未 |
| 十八 | 五 | 飭 | 飭（原） |
| 十九 | 七 | 摯 | 歆（原） |
| 二一 | 七 | 旋 | 黃（原） |
| 二一 | 九 | 値 | 敬（原） |
| 二四 | 四 | 敦 | 敬（原） |
| 二五 | 十 | 惟 | 惟（原） |
| 三三 | 八 | 擇 | 擇（原） |
| 三四 | 八 | 辭 | 辭（原）年 |
| 三五 | 十 | 告 | 旨（原） |
| 三七 | 十 | 沓 | 晉 |
| 三九 | 八 | 曾 | 助勗（原） |
| 四一 | 五 | 斂 | 怜力（原） |
| 四三 | 九 | 敝 | 魯足（駁） |
| 四五 | 三 | 逞 | 介（原） |
| 四六 | 十 | 立 | 使敬敬 |
| 四七 | 五 | 年 | 文（原） |

| 頁 | 行 | 正 | 誤 |
|---|---|---|---|
| 七二 | 十 | 敝 | 修敬 |
| 七三 | 十 | 帆 | 諸 |
| 七三 | 十 | 善 | 悅宦 |
| 七五 | 末 | 綿 | 錦 |
| 七六 | 一 | 綿 | 錦 |
| 七六 | 二 | 綿 | 錦 |
| 七六 | 九 | 賞 | 賞 |
| 七七 | 三 | 備 | 修 |
| 八一 | 三 | 已 | 己 |
| 八一 | 五 | 屋 | 尾 |
| 八一 | 四 | 辛 | 菜（原） |
| 八二 | 五 | 敦 | 敬（原） |
| 八二 | 二 | 屋 | 尾 |

正誤表

誤字下（原）字と謄寫
台本亖誤用亖原本의
誤字를 밝힘

87

| 頁 | 行 | 正 | 誤 |
|---|---|---|---|
| 一 | 八 | 氷 | 水 |
| 二 | 十 | 典 | 典(原) |
| 二 | 末 | 礒 | 礙(原) |
| 三 | 三 | 炊 | 炭(原) |
| 二 | 七 | 筬 | 筬(原) |
| 三 | 末 | 熟 | 熟(原) |
| 四 | 五 | 其 | 共(原) |
| | 末 | 戌 | 戌(原) |
| | 五 | 末 | 未(原) |
| 五 | 末 | 撥 | 撥(原) |
| 六 | 三 | 慣 | 慣(原) |
| 六 | 五 | 礙 | 礙 |
| 七 | 末 | 還 | 還(原) |
| 七 | 二 | 腄 | 眠(原) |
| 九 | 五 | 政 | 改(原) |
| 九 | 二 | 矯 | 矯(原) |
| 十 | 三 | 制 | 製(原) |
| 十 | 一 | 卜 | 俱(原) |
| 十 | 六 | 具 | 困(原) |
| 十 | 二 | 困 | 種(原) |
| 十 | 三 | 歎 | 宣(原) |
| 十 | 四 | 鐘 | 旋(原) |
| 十 | 六 | 暄 | 歎(原) |
| 十二 | 一 | 旋 | 帶(原) |
| 十四 | 五 | 敦 | 醇(原) |
| 十四 | 立 | 令 | 令(原) |
| | | 敎 | 敎(原) |

| 頁 | 行 | 正 | 誤 |
|---|---|---|---|
| 四 | 三 | 帿 | 請(原) |
| 四 | 一 | 祝 | 盟(原) |
| 四 | 四 | 蒲 | 胄(原) |
| 五 | 後 | 徼 | 技(原) |
| 五 | 盡 | 污 | 書(原) |
| 五 | 八 | 行 | 行 |
| 五 | 九 | 徵 | 徼(原) |
| 五 | 三 | 是 | 書(原) |
| 六 | 三 | 南 | 製(原) |
| 五 | 六 | 苦 | 足(原) |
| 五 | 七 | 症 | 重(原) |
| 五 | 八 | 樓 | 若(原) |
| 五 | 二 | 甫 | 傳(原) |
| 五 | 二 | 湖 | 甫(原) |
| 五 | 四 | 蜜 | 湖(原) |
| 五 | 末 | 辰 | 雪(原) |
| 六 | 三 | 怖 | 厚(原) |
| 六 | 九 | 網 | 竘 |
| 六 | 十一 | 節 | 卽 |
| 六 | 八 | 旋 | 於(原) |
| 六 | 五 | 將 | 特 |
| 六 | 十二 | | 時 |
| 七 | 四 | 夬 | 奉 |
| 七 | 五 | 奉 | 奉 |
| 七 | 末 | 候 | 幼(原) |
| 七 | 十六 | 幼 | 晝 |
| 十六 | | 甚 | 染(原) |

# 使和記略

## 사화기략

여기서부터 영인본을 인쇄한 부분입니다. 이 부분부터 보시기 바랍니다.

## 이효정

연세대학교 인문학부(국어국문학 전공) 졸업.
동 대학원 석사 학위 취득.(한문학 전공)
일본 국제기독교대학(ICU) 비교문화연구과 박사 학위 취득.
현 세종대학교 대양휴머니티칼리지 초빙교수.

수신사기록번역총서 7
**사화기략** 使和記略

2018년 5월 10일 초판 1쇄 펴냄

**지은이** 박영효
**옮긴이** 이효정
**발행인** 김흥국
**발행처** 보고사

**책임편집** 김하놀
**표지디자인** 손정자

**등록** 1990년 12월 13일 제6-0429호
**주소** 경기도 파주시 회동길 337-15 보고사 2층
**전화** 031-955-9797(대표)
 02-922-5120~1(편집), 02-922-2246(영업)
**팩스** 02-922-6990
**메일** kanapub3@naver.com / bogosabooks@naver.com
http://www.bogosabooks.co.kr

ISBN 979-11-5516-779-3
 979-11-5516-760-1 94910(세트)
ⓒ이효정, 2018

정가 20,000원